早稲田大学理工研叢書
シリーズ No.27

ゼロ・エネルギーハウス

― 新しい環境住宅のデザイン ―

はじめに

　2013年の夏休みは学生と研究室で過ごすことになりました。7月2日に公募になった「エネマネハウス2014」に応募するためです。8月21日郵送で必着締め切りでしたが、朝方まで提案書類作成が終わらず、当日発送でも良いだろうと前の日に予約したバイク便が昼に書類を取りに来ることになっていました。8月20日の夜は案の定徹夜になってしまいました。8月21日の午前中に建築環境・省エネルギー機構（IBEC）で委員会があり、その道すがら研究室に電話をして最後の確認を行って、後は学生に任せました。

　この本は、早稲田大学が提案したゼロ・エネルギーハウス（ZEH）の奮闘記録です。2014年1月にお台場ビッグサイト駐車場に建設された「Nobi-Nobi HOUSE」、2015年10月に横浜みなとみらいに建設された「ワセダライブハウス」、ふだん研究で行っていることを実際の形にすることが、いかに大変であるかを思い知らされることになりました。本書はその過程やその後に考えたことを単行本にまとめたものです。企業の方々には本当に協力していただきました。

　米国には2002年から始まったソーラー・デカスロンという大学対抗の環境配慮住宅のコンテストがあります。その後、欧州の大学も加わり世界的規模で開催されています。次世代の環境配慮住宅を学生が自ら設計、建設し、エネルギー効率や革新性など10部門で得点を競うものです。大学のカリキュラムの一部にもなっており、欧米の大学の建築学科に与えた影響は大きいのです。ドイツ・ダルムシュタッド工科大学の優勝した住宅を2009年に見学しましたが、日本の大学でこれだけの資金を集めて、技術を集約することが実際にできるのだろうかと思っていました。ゼロ・エネルギーハウスはやれ

ばできると言われますが、本当にコンセプトを持って未来住宅を実現させるのとは違います。

　かつて、日本では国家プロジェクトとして住宅メーカーなどが実験住宅の建設を行っていました。その中核でハウス55から始まった経済産業省の住宅プロジェクトがありますが、私は最後の２つに参加させていただきました。ハウスジャパンでは4棟の実験住宅を舞浜に建設しました。参加各社の技術を持ち寄り建設することで得られる知見は多かったのです。しかしながら、経済産業省による国家的な住宅プロジェクトの最後となった資源循環住宅プロジェクトにおいては、図面で充分と言うことで実住宅の建築が行われることはありませんでした。経済産業省では住宅に関して研究開発することから、個別技術への開発支援や補助金支給に政策をシフトさせ、研究開発は個々の会社に委ねられることになりました。数が少なくなったとはいえ、現在でも年間約80万戸も住宅が新築されていますが、住宅部品や建材が統合したシステムとしての住宅に研究開発する意味がなくなったとは思えません。研究開発は充分と考えた時点で国際的な競争力も低くなっているかもしれません。

　そのような背景もあって、機会があれば日本でも大学を中心としてエネルギーをテーマとした住宅建設コンテストを行ってはどうかと提案していました。そのような中、2012年にマドリードで開催されたソーラー・デカスロンのスペイン大会に千葉大学が有名な工業化住宅メーカーと組んで参加しましたが。しかし、負けてしまったのです。採点内容を見ると善戦している部分もありますが、期待が大きかった分、日本の建築ジャーナリズムが酷評を

してしまいました。中国よりも順位が低かったことなどを書き立てました。千葉大学のチャレンジは高く評価されてもよいと思います。省エネルギーに関しては日本が世界で一番と思い込んでいましたが、日本の建築技術が必ずしも海外と比較して優位ではないことになってしまいました。現在の日本の住宅の断熱水準などを考えればそうなのかもしれませんが、私自身はチャレンジすらできなかったことに大変悔しい思いをしました。

　さまざまな議論が「霞ヶ関」であったのだと思いますが、大学対抗でゼロ・エネルギーハウスを提案し、実際に建設する「エネマネハウス 2014」が開催されることになりました。2013年7月2日に公募がありました。課題は「2030 年の家」をテーマにした住宅。「2030 年の家」は、＜ゼロ・エネルギー＞、＜ライフ＞、＜アジア＞という３つのコンセプトを満たすことが条件でした。ソーラー・デカスロンにルールは近いとはいえ、独自のルールもありどのように対応していくか悩みました。とくに、企業とコンソーシアムを組んで応募する条件になっていたため、まずは組織構築に奔走することになりました。希望する大学院生を研究室から募集しました。もちろん、学生が中心だとはいえ、まったく実務経験のない学生だけに任せるのは不可能です。また、自分自身に関しても時間をできるだけ多く割きたいと思っても授業や委員会などが山のようにあります。

　そこで、同僚の高口洋人先生と、さらに建築計画系の研究室からヘッドハンティングした長澤夏子先生にも頼ることにしました。さらに、確認申請業務などを行う設計事務所とデザインの取りまとめが必要でした。これは、古谷誠章先生とその事務所NASCAにお願いすることにしました。ちょうど、田辺研出身の遠藤えりかさんがNASCAの職員をしていたので好都合でした。

構造の新谷眞人先生、機械科学航空学科の齋藤潔先生、電気・情報生命工学科の林泰弘先生にもアドバイスをいただくことにしました。高口洋人研究室、新谷眞人研究室の院生も参加してくれました。

　こちら側の体制はある程度固まってきたのですが、企業にどのようにお願いするかがまったくの暗中模索でした。1500万円程度の補助は頂けるとは聞いていましたが、まったく不足するだろうことは明らかでした。共同した企業の皆さまから材料や資金提供を頂かなければまず建設は無理でした。そこで、これまで共同研究などでお世話になっている方々にとにかくお願いしました。断られたり遠慮されたりした企業も多かったのですが、連携の主体となるハウスメーカーとして旭化成ホームズが引き受けてくれることになりました。私の研究室や古谷研究室とも長く共同研究を行っており、太原豊様はじめ皆様信頼できる方々でした。それでも、短時間に社内稟議を通すことは大変だっただろうと思います。心より感謝をしています。ソーラー・デカスロンに3回参加した中国の同済大学の譚先生に早稲田大学で講演をしていただいたのですが、中国ではスポンサー探しに関してはまったく困っていないということでした。日本企業も多くが参加しています。彼我の経済成長力の違いを感じるところとなってしまいました。

　2014年のエネマネハウスでは、旭化成ホームズに加えて、サッシ、自然換気窓などで三協立山、太陽熱温水器、床暖房、コンロなどで東京ガス、エアコン、全熱交換器、HEMS、家電製品などで三菱電機、高機能ガラスで旭硝子、太陽光と熱のハイブリッドパネルで日比谷総合設備、有機ELで三菱化学、光ダクトでマテリアルハウス、ブラインド・日射遮蔽装置でニチベイ

はじめに

に協力をいただきました。これまでの共同研究などでよく存じ上げていたとはいえ、かなりな無理をお願いしてしまったと感じています。

　8月21日の締め切りには12〜13件の応募があったようです。書類審査で5大学（早稲田大学、東京大学、慶應義塾大学、千葉大学、芝浦工業大学）が選考されたとの通知が9月入ってからありました。採択されることはある程度想定して、企業の方々とはコンソーシアム連絡会を開催していましたが、9月24日に採択者説明会が開催されてからは怒濤の日々が続きました。10月末までに確認申請図面を提出しなければならないのです。初回ということもあって事務局も全体のスケジュールが明確でない部分もあり参加者5大学は本当に苦しんだと思います。この時の記録と経験が2015年の第2回のエネマネハウスで生きることになります。
　11月5日に中間報告会が開催されました。審査員の前で学生がプレゼンを行いました。審査員の前でよく頑張ったと思います。発言は学生のみに許されたので私も質疑応答を黙って聞くだけでした。他大学の案は、その後一部の図面は公開されましたが、建設されるまで全体像はわからないままでした。確認申請図面が提出されれば、大きな変更はできないでしょうから、教育的には合同で発表会を行った方が良いのではないかと思っていました。第2回目からはそのようになったのは大変良かったです。さまざまな準備を行い、2014年1月8日から建設が始まりました。他の4大学がすべて木造である中、唯一鉄骨造でした。旭化成ホームズの重量鉄骨を用いたものですが、それはそれでユニークに頑張ろうと思っていました。非常に短工期で通常の作り方をしているので、旭化成ホームズの渡辺直哉さんは大変苦労されたと思いま

す。施工開始初日などは他大学の建屋が組み上がっていくなかで、鉄骨造の命であるレベル合わせを真剣に行い、この作業だけだったので、他の大学から大丈夫かと心配されるほどでした。

　渡辺さんが完全に現場に張り付いてくれていたこともあり立派に住宅が完成しました。修士1年の学生はこの時期から就職活動が早くも始まり、なかなか現場にも集中できなくなるということもありました。われわれが学生のときには修士2年生の夏が就職活動時期でしたから、相当に早くなっています。かつてより大学院生活も落ち着かなくなってしまいました。

　2014年1月29、30、31日と3日間の公開期間に6,745名の見学がありました（図1）。見学者をまったく捌ききれなくなる時間帯もありました。千葉大学は土足を許しており、ソーラー・デカスロンの経験だなと思いました。電気系、機械系の研究室とも協働して行われた「Nobi-Nobi HOUSE」（図2）は早稲田理工ならではの住宅となったと思っています。「Nobi-Nobi HOUSE」

図1　5大学全景

図2　Nobi-Nobi HOUSE ©Takeshi YAMAGISHI

は、最新の省エネルギー技術を使った生活インフラをパッケージ化した「設備コア」、その周りを取り囲む「居住ゾーン」、半屋外デッキの「Nobi-Nobiゾーン」という3層構造から構成されています。ユニークな名前には、暑い日には袖をまくって寒い日にはコートを着るように、住まいも季節に合わせて「重ね着」をしながら、住む人に省エネの暮らしをのびのびと楽しんで欲しい、という思いがあります。

　ところが、アジアというコンセプトがありながら、建設された真冬の性能が評価されることになったのは皮肉でした。年間性能や季節を考えた解でしたが、冬性能のみに特化できていない部分もありました。これが、高気密・高断熱だけではない性能を求められる日本の住宅の環境性能の難しさです。優勝は東京大学となりました。素晴らしい作品でしたが、審査講評会で褒められたのは野菜ソムリエの住宅という想定の部分であり、立派であった測定データが公開も講評もされなかったことに東大チームは悔しい思いをしているだろうと思います。

　「Nobi-Nobi HOUSE」は、現在新富士の旭化成ホームズ技術研究所に移設

して、夏季を含めた年間の実験を行っています。早稲田大学の敷地に移築したかったのですが残念ながら叶いませんでした。都心にある大学の悲しいところです。その後、この住宅を利用して、導入技術の検証、床冷暖房、蓄電池利用によるエネマネシステム開発なども行われています。展示時にはなかったSOFC（燃料電池）も設置しました。燃料電池に関しては大きな可能性を持っていますが、コンテスト時に早稲田大学と芝浦工業大学が導入をしていませんでした。われわれは、太陽熱温水器、ハイブリッドパネルも設置しており、夏や中間期にお湯の有効な利用法を考えることが難しかったため、年間コンセプトを考えるとダブル設備になると見送りました。芝浦工業大学の秋元孝之先生も後で分かったことですが、同じような考え方をしていました。また、審査員から家が小さいと言われたのも両校でした。両校が許される床面積を厳格に捕らえた結果によるのですが、私と秋元先生は早稲田大学木村建一研究室の先輩後輩で同じ指導を受けると考え方も似るのだなと思わされた瞬間でした。

　その後、5校はこれまで以上に親しくなり、5校の共通スポンサーだった東京ガス、旭硝子の協力を得て東大の清家剛先生が音頭を取ってくださり2回のシンポジウムと展示会を行いました。多くの方に来場をいただきました。また、2015年度日本建築学会大会デザイン発表会においてもセッションを設けて5校が発表と討議を行いました。

　本件に関わった院生はその後、設計事務所や建設会社、インフラ企業で働くようになっていますが、いずれもきわめてユニークな人材と会社からは褒められています。彼ら彼女らが学生時代に得た経験を基盤として、新たな技術開発に挑戦したり、建築のゼロ・エネルギー化を推進できる人材になって

くれるとよいと希望しています。

　2015年のエネマネハウスは、4月早々に公募が行われました。初回で破れてしまいましたので、その負けた経験も含めて早稲田としてはリベンジをしたいと考えていました。この回は、建設は9月、公開は10月に設定されました。10月は中間期ですが、日本の気候からすると実にくせ者の季節です。まだ残暑があれば、高気密高断熱住宅はオーバーヒートします。開放性を確保できる状態で、必要なときにどのように閉じることができるかが鍵になるのです。第2回目も12〜13校が書類参加したようですが、芝浦工業大学、山口大学、立命館大学、関東学院大学、早稲田大学が選考されて実際に横浜に住宅を建設することになりました。

　審査委員はほぼそのままとすると、前回の改良版を提案するだけでは書類で落とされてしまうだろうと思っていました。そこで、早稲田チームは代表者を入れ替えることにしました。代表は高口洋人教授が務めることになり、オランダのレム・コールハースの事務所から早稲田大学の教員になったばかりの小林恵吾准教授（当時：助教）に託すことになりました。これに高口洋人研究室、渡辺仁史研究室、田辺新一研究室の学生が加わりました。建築確認には細海拓也一級建築士事務所＋IMIN、構造は永井拓生さんにお世話になりました。高口先生には、エネマネハウス2014の企業コンソーシアムに囚われず、自身の考えでコンソーシアムを設立するように伝えていました。先輩教授が口出しするとろくなことにはなりません。前回の反省点や手順に関してはよく伝えるようにしましたが、優勝できたのは彼らの努力によるものです。また、本書の執筆者にもなっている中川純さんにはICTやIoTとデ

図3 ワセダライブハウス ©Takeshi YAMAGISHI

ザインに関する作業をしていただくことになりました。エネマネハウス2014の東京大学の可動太陽電池は彼によるものです。現在は、建築家としても活躍していますが、私の研究室で博士学位論文に頑張っています。

　そのようなわけで、エネマネハウス2015では、三菱商事建材、ミサワホーム、パナソニック、東京ガス、LIXIL、大和通商、加藤木材工業、野地木材工業、ニチベイ、旭硝子、田島ルーフィンググループ、エコまちフォーラム、エム・システム技研、カネカケンテック、シップスレインワールド、スフェラーパワー、積水ナノコートテクノロジー、フィリップス、富士ソーラーハウス、フジワラ化学、山崎産業、夢ハウス、JX日鉱日石エネルギー、銘建工業、タツミ、篠原商店、カネシン、タカヤマ金属工業、東日本パワーファスニング、誠建社、協和木材、益田建設など多くの企業の参加を得ました。「ワセダライブハウス」（図3）の奮闘記に関しては、第4章で詳細に述べられていますので、そちらを参照下さい。

　2016年度に建設されたゼロ・エネルギーハウス（ZEH）は、年間3.4万棟

はじめに

を超えると推計されます。ZEHとは、住宅が消費するエネルギー（電力・熱）を少なくしたうえで、太陽光発電などでエネルギーを生産し、正味でエネルギー消費をゼロにする住宅のことですが、単に省エネルギーが目的の住宅ととらえるだけでは駄目だと思っています。国土交通省、経済産業省、環境省は、2020年に新築戸建て住宅の半分をZEHにするという目標を持っています。ZEHでは、日本の気候に根ざした住まい方や個々の建築技術を統合する方法に関する研究がまだまだ必要でしょう。とくに大学対抗のエネマネハウスコンテストなどのように、これから建築分野の中核を担う大学院生のアイデアも活かしながら行うプロジェクトは教育的にも影響が大きいのです。また、生活に関するイノベーションの核になる可能性があります。

　本書は、2013年以来のエネマネハウスに関して早稲田大学が奮闘してきた記録をまとめたものです。従来の建築環境工学の枠を超えた多面的な話題が提供できればと思っています。参加企業の皆さまをはじめ、このような出版に関して補助をいただいた早稲田大学理工学研究所にも心から感謝致します。また、本書の出版に関しては、萌文社の永島憲一郎さんに本当にお世話になりました。この本の編集を行っているときに、エネマネハウス2017が公募されました。それに関しては最終章で触れることにしました。

2017年5月吉日
早稲田大学建築学科・教授　田辺新一

目次 ゼロ・エネルギーハウス─新しい環境住宅のデザイン─

はじめに　3

第1章　ゼロ・エネルギーな未来のくらし……………………………（田辺新一）…17
1. エネルギーと社会　18
2. 海外のゼロ・エネルギー住宅　26
3. 快適性と健康性　34
4. ZEHへのロードマップ　42
5. 環境設計の競技：ソーラー・デカスロン　50

コラム：一次エネルギー消費量　22

第2章　Nobi-Nobi HOUSE……………………………………………（長澤夏子）…55
1. いい日を長く　56
2. 設計コンセプト　重ね着する住まい　60
3. ZEH設計フロー　65
4. 設備技術・素材とZEHのデザイン　73
5. ZEHの暮らし方　80
6. ICTを利用したスマートなZEHでの暮らし方　84

第3章　移築後の季節ごとのエネルギー・環境実測………（長澤夏子）…91
1. ZEHに住めば0になる…わけではない　92
2. エネルギーと快適性で競う！　94
3. エネマネ競技 ─冬の陣─ 実況中継　98
4. 移築と4季節の計測結果　102
5. ZEHの推計　106
6. ZEH住みこなしの提案　110

コラム：日本のZEHの定義　93

第4章 ワセダライブハウス ……………………………（高口洋人、中川純）…113

1. エネマネハウス　2回目の挑戦　　114
2. 住まいを愉しむ　　115
3. ワセダライブハウス　　118
4. パッシブデザイン　　121
5. アクティブデザイン　　123
6. しつらえ　　126
7. ZEH判定　　128
8. 実測によるエネルギー消費の確認　　132

第5章 ワセダライブハウスの発展 ……………………………（小林恵吾）…133

1. ワセダライブハウスの展開　　134
2. ワセダライブハウス実用化へ向けて　　137
3. 快適なZEHとZEB　　148
4. 今後の可能性　　151

第6章 エネマネハウス競技の失敗と成功 ………（田辺新一、高口洋人）…155

1. エネマネハウス2014　　156
2. エネマネハウス2015　　159
3. エネマネハウス2017ニュース　　163

第1章

ゼロ・エネルギーな未来のくらし

1. エネルギーと社会

　2015年11月から12月に開催された第21回国連気候変動枠組条約締約国会議（COP21）では、世界共通の長期目標として産業革命以前からの温度上昇2℃目標のみならず1.5℃への言及がありました。すべての国が削減目標を5年ごとに提出し、その実施状況を報告しレビューを受けることになります。この枠組みは「パリ協定」と呼ばれています。日本は、パリ協定に当たって約束をしています。その内容は温室効果ガス排出量を2030年度に2013年度比で26％削減するというものです。簡単にできそうだなと思われるかもしれませんが、そうではありません。なかなか大変な数字なのです。部門別には、**表1**に示したように産業部門7％、業務部門40％、家庭部門39％、運輸部門28%を削減するとしています。今回の26％削減の多くが業務部門と家庭部門に期待されているのです。これは、建築に関わる部門です。

表1　主な温室効果ガスエネルギー起源CO_2排出量目安

	2013年実績	2030年目安	削減割合(%)
産業部門	429	401	7%
運輸部門	225	163	28%
業務部門	279	168	40%
家庭部門	201	122	39%
エネルギー転換部門	101	73	28%
エネルギー起源CO_2合計	1235	927	25%

　温室効果ガスとエネルギー消費量の関係はどのようになるのでしょうか。思い切って話を単純にします。電気のみを建物で使用すると考えてみましょう。例えば1kWの家電機器を1時間使用すると1kWhというエネルギー消費量になります。WはJ/sというジュールを秒で割った単位になります。建物からのCO_2排出量は省エネと原単位の掛け算になります。現在の電源は579g CO_2/kWh 程度です。すなわち1kWhでは579gのCO_2が排出されます。東日本大震災前は、350g CO_2/kWhでしたから、同じ電気を使用しても排出量が異なってしまうのです。原子力発電がストップしており、天然ガスや石炭で電気をつくると、大量のCO_2が排出されます。もし、省エネで20％削減するとします。つまり0.8です。原単位を20％改善すると0.8×0.8=0.64で36％ CO_2を削減できます。もし、使用する電気が全て結晶系シリコン太陽

電池からの発電とすると45.5g CO_2/kWhになります。太陽電池も製造時にエネルギーを使用するため完全にゼロではありませんが、現在の電気に比較すると1割以下になります。要するに0.8×0.1=0.08と92%も削減できます。すなわち、日本全体で同じエネルギー消費量であっても、$kgCO_2$/kWhの低いエネルギーを多く使用すれば、温室効果ガスの排出量を低くすることが出来ます。$kgCO_2$/kWhを原単位と呼びます。技術開発によりこの値はよくすることができます。熱と電気を同時に作り出すことができる燃料電池などのコ・ジェネレーションも対策の一つになります。

　日本では温室効果ガスの排出量の約9割がエネルギー起源です。そのため、東日本大震災の前までは日本の電力をできるだけ原子力発電で賄おうと主張する学者もいました。しかしながら、福島第一原子力発電所の事故やその後の困難さなどをみると、楽観的に考えることはできなくなっています。できるだけ、再生可能エネルギーを使用して、さらに省エネルギーを行うことが大切になっているのです。

　わが国は、ほぼすべてのエネルギーを輸入に頼っています。日本のエネルギー消費量が現在のままでも世界的にみれば発展途上国の必要量は増大が予測されるため、一時的に原油価格が下がっても将来的には非常にきびしい状況であることは明白です。小学校や中学校で日本は加工貿易国であると教わった読者も多いと思いますが、東日本震災以降の日本はそうではなくなっているのです。この大きな原因はエネルギー輸入の急増によるものです。省エネルギーを行うことが今まで以上に重要になっています。

　IPCC（Intergovernmental Panel on Climate Change：気候変動に関する政府間パネル）第5次評価報告書によると、2010年において世界の住宅を含む建築部門で世界のエネルギーの32%を消費したと示されています。この状態が続けば、2050年には2〜3倍となることが予測されています。太陽電池などの低炭素エネルギー源を最大限利用してもこの増加分の40%しか賄えないのです。世界的にも住宅・建築部門の省エネルギーが重要と言われる理由はここにあります。世界中の人々が現在の西洋諸国の住水準で生活

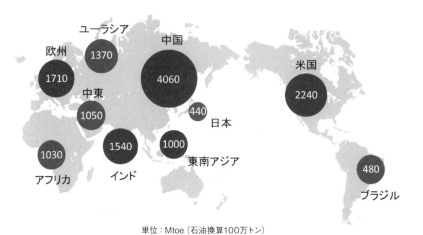

単位：Mtoe（石油換算100万トン）

図1 IEA（国際エネルギー機関）が予想する2035年のエネルギー需要

（IEA資料から作成）

することは、このままではまず困難です。とくにアジアの蒸暑地域の成長に伴ってエネルギー消費量は増大することが予測されています。2010年において日本は世界のエネルギー消費量の4%弱を消費しています。**図1**にIEA（International Energy Agency：国際エネルギー機関）が公表している2035年のエネルギー消費量予測を示します。2035年までに世界のエネルギー需要は2010年比で1.5倍になると予測されていいます。とくに中国やインドなどのアジアの非OECD諸国のエネルギー消費量が爆発的に増大する可能性が高いのです。2035年には、中国は日本の9倍以上のエネルギー消費になる可能性があります。東南アジアのこれらの国々は蒸暑地域であり、冷房に対する省エネルギー対策が必要になるでしょう。

それでは、日本における最終エネルギー消費に関して統計的な数値をみてみましょう。1973年から2014年までの国内における部門別最終エネルギー消費の推移を示します（**図2**）。東日本大震災後の数字もわかるようになってきました。

2008年、2009年にはいわゆるサブプライム問題による世界金融危機

により最終エネルギー消費量は減少しました。2000〜2007年までは約16,000PJものエネルギーが毎年消費されていました。これに対して震災後の2012年度の最終エネルギー消費は14,347PJと減少しています。日本のエネルギー消費量は伸び続けていると書かれているテキストも多いですが、サブプライム問題と東日本大震災は日本に大きな影響を与えています。また、東日本大震災以前に戻っていないのは電気料金の高騰によることも大きいといわれています。

石油危機以降、日本が省エネ努力をしてこなかったというわけではないのです。さまざまな省エネルギーに関する取り組みを行った結果、1973年から2012年の約40年間で4割エネルギー効率を改善しています。この間、国民総生産（GDP）は2.4倍に増加しました。エネルギー効率の国際比較でも、世界の最高水準なのです。しかしながら、東日本大震災後、火力発電所をフ

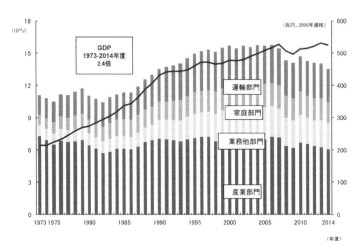

図2　日本の最終エネルギー消費と実質GDPの推移

（注1）J（ジュール）＝エネルギーの大きさを示す指標の一つで、1MJ＝0.0258×10⁻³原油換算kL
（注2）「総合エネルギー統計」は、1990年度以降の数値について算出方法が変更されている
（注3）産業部門は農林水産鉱建設業と製造業の合計。
（注4）1979年度以前のGDPは日本エネルギー経済研究所推計。1980年度から1993年度の値は内閣府「平成17年基準支出系列簡易遡及」を使用。
出典：資源エネルギー庁「総合エネルギー統計」、内閣府「国民経済計算」、日本エネルギー経済研究所「エネルギー・経済統計要覧」を基に作成

> **コラム：一次エネルギー消費量**
>
> 　石油、石炭、原子力、水力、太陽光、風力などから自然にあるまま得られるエネルギーを一次エネルギーと呼んでいます。これらから発電や精製などを行って、電気、灯油、都市ガスなどが作られます。この加工変換されたエネルギーを二次エネルギーと呼んでいます。住宅や建築物では二次エネルギーが多くの場合使用されていますが、発電効率などが異なるとそのまま比較することができません。一次エネルギーに置き換えることにより同じ単位で求めることができるようになります。
>
> 　電気を作るのは発電所です。そのために国全体のエネルギーを考えるのに一次エネルギー消費量という言葉が使用されます。発電の時には全てのエネルギーを電気にすることはできません。そのため電気をそのまま熱にしてしまうと大変もったいないことになります。また、省エネ法は石油ショックによって出できたということもあり原油換算kLが使用されます。一方、エネルギーの国際単位はJ（ジュール）ですが、直感的にわかりにくいので、欧米ではkWhという単位が使用されることもあります。電気に関しては、昼、夜の電源構成が異なるので厳密には時間帯によってエネルギー原単位が異なります。また、国によっても異なります。

ル稼働させているため、温室効果ガス排出量という点でみると増加しています。また、1960年には主に石炭や水力など国内の天然資源により58.1％であったエネルギー自給率は、下がり続け2010年は19.3％でしたが、原子力発電所の停止により自給率は8％となっています。

　日本は今後どうなっていくのか、人口の問題もあります。国交省から長期展望のデータが公開されています。2050年までに日本の人口がどうなるかを1kmメッシュで予測したデータです。21.6%の場所からは人がいなくなり、人口が75％以上減少する地域は20.4％、75％～50％減少する地域が24.4％です。じつに66.4％の地点で現在の半分以下の人口になるのです。増えるのはわずか1.9％で東京、名古屋のごく一部です。今のまま住宅を新築し続けてよいのかな、という疑問もあります。そして、日本は超高齢社会に突入しました。一方、インドでは2030年の建築ストックの70%がまだ建設

されていない状況にあります。日本とは状況が非常に異なるのです。

しかし、その発展の後には東アジア、東南アジアの多くの国がさらに速いスピードで高齢化し人口減少へと転じていきます（**図3**）。例えば、タイは人口も経済も成長を続けていますが、わずか10余年先の2030年には人口減少が始まるのです。アジアの成長が続く最中に今後の対策を立てておく必要があります。

住宅についてさらに考えてみましょう。2013年に省エネ法の基準が改正され、住宅・建築も一次エネルギー消費量、いわゆる燃費性能で評価されるようになりました。日本の最終エネルギー消費全体のうち、住宅部門（家庭部門）のエネルギー消費は14.0％を占めています（**図4**）。また、「エネルギー白書2016」によると、1973年比で住宅部門は2.1倍と倍増しており、住宅部門のエネルギー消費削減は喫緊の課題となっています。断熱や気密性に優れている住宅が近年は建設されているにもかかわらず、増加の主な原因として挙げられているのが、核家族化を主な原因とする世帯数の増加です。加えて、居住水準の向上を目指す住まい手の要求、それを可能にしてきた設備機

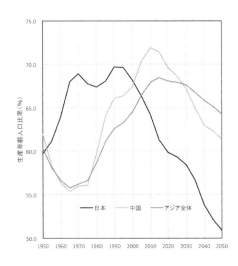

年	日本	中国	アジア全体
1950	59.7	62.0	60.3
1955	61.2	58.3	58.1
1960	64.0	56.3	56.6
1965	68.0	55.4	55.8
1970	68.9	56.0	56.3
1975	67.8	56.1	56.7
1980	67.4	59.8	58.7
1985	68.1	64.2	61.2
1990	69.7	66.1	62.7
1995	69.6	66.4	63.3
2000	68.2	67.5	64.5
2005	66.3	70.4	66.5
2010	64.2	71.9	68.0
2015	61.3	71.5	68.4
2020	59.9	69.6	68.1
2025	59.3	68.6	67.9
2030	58.4	67.2	67.6
2035	56.7	65.0	66.8
2040	53.8	63.0	65.8
2045	52.1	62.3	65.2
2050	50.9	61.4	64.3

備考：ここでのアジアとは、ASEAN+6の計16か国。
資料：国連（2008）「World Population Prospects, The 2008 Revision」から作成。

図3　アジア各国における生産年齢人口比率の推移

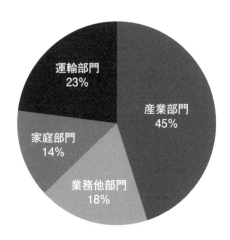

図4　2015年部門別の最終エネルギー消費量(資源エネルギー庁)

器の発展などであり、次世代の住宅は、生活の質を低下させないでさらなるエネルギー消費の削減や、再生可能エネルギーを賢く利用していくことが欠かせないのです。省エネ住宅を普及させるには、断熱化や高気密化による住宅の省エネ化が、住まう人の快適な暮らしや健康に繋がるという事実を広めていくことが重要です。

　国は「建築物のエネルギー消費性能の向上に関する法律」(以下、建築物省エネ法)を2015年7月に制定しました。2016年4月から容積率特例・表示制度などの誘導措置が施行されましたが、2017年4月以降は床面積が2,000m²以上の非住宅建築に対して、エネルギー消費性能基準適合義務が発生しています。また、300〜2,000m²未満の中規模建築物の新築・増改築にかんしては届出義務が発生しています。「エネルギーの使用の合理化等に関する法律」(省エネ法)そのものはオイルショック後の1979年に制定されたもので、建築だけでなく、産業、運輸などあらゆるものが含まれていました。オイルショック当時から産業分野の規制は強くかけられていて、運輸分野でも車などは省エネ化が非常に進んできたのですが、住宅や建築などの民生に関わる分野が他に比べて対策が緩かったのです。住宅や建築物で使用さ

れるエネルギーを格段に下げるために法律が作られました。

　究極的には、ゼロ・エネルギーハウス（ZEH）やゼロ・エネルギー建築（ZEB）を建設して、ほとんどエネルギーを消費しないで、人々が快適性や健康性を維持することが一つの解決策になるでしょう。最近、研究室でBack to the Futureという映画鑑賞会を開催しました。「バック・トゥ・ザ・フューチャー」は1985年の映画で、1作目は30年前の1955年の過去に戻るのですが、2作目は2015年に行くのです。2015年はまさに今なのです。その2を見て何が実現していて、何が実現していないかをメモして議論しましょうということになりました。未来部分は30分ぐらいしかないのですが、通信や携帯はほぼ完全に予測できています。建築のデザインはあまり変わっていません。HEMS（Home Energy Management System：ホームエネルギーマネジメントシステム）とは、家庭で使うエネルギーを節約するための管理システムで、家電や電気設備とつないで、電気やガスなどの使用量を見える化したり、家電機器を自動制御したりする機能ですが、このHEMSらしきものは登場しています。登場人物がボタンを押しているところが出てきて、自動で温度設定されて、暑いとか寒いとか言っているシーンがあるのです。脇道に逸れましたが、この映画のデロリアンという車がどのようなエネルギーで動くかは、時代を象徴しているように思います。その1では雷の電気エネルギー、その2では原子力、その3ではゴミ利用です。夢ではあるもののその3で利用された廃棄物からのエネルギー取得は、理論的には少々怪しいところもあります。1985年から30年後の予測を行ったように、住宅に関しても30年後に何が必要となるのかをよく考えておく必要があるように思います。住宅や建築は今建築されても、多くが30年後にはまだ存在していることから、われわれの責任も重いといえます。

2. 海外のゼロ・エネルギー住宅

　2009年に英国建築研究所のイノベーションパークを見学しました。このパークは2005年に開業し住宅実験場と住宅展示場を兼ねたような研究開発施設になっています。住宅事業者は２年間のリース契約でこの敷地にモデルハウスを建築します。単に研究を目的としたものではなく民間企業を巻き込んで、積極的に自国商品をアピールしています。2009年の訪問時は7棟と建築中の2棟がありましたが、現在12棟とビジターセンターが完成しています。そのうち、1棟は2012年にチャールズ皇太子が寄贈した「自然の家」で、自然の素材を活用した低エネルギー住宅となっています。イノベーションパークは建築研究所があるロンドン郊外のワットフォードだけではなく、スコットランド、中国、カナダ、ブラジルにも展開されています。英国住宅産業の海外展開の一躍を担っています。

　2009年に英国は2016年以降に建設される住宅はすべてNet Zero Energy House、すなわち化石由来エネルギーの使用量を見かけ上ゼロに出来る住宅にするとしていました。建設費がかかることから、この目標は延期されて

図5　Kingspan Lighthouse（英国建築研究所）

いますが、長期的な目標は変更されているわけではありません。住宅の持続可能基準（The Code for Sustainable Homes: CSH）が整備されており、最高レベル6がNet Zero Energy Houseとなります。イノベーションパークには、2007年4月から新築住宅に適用されているレベル6を取得した住宅が何棟か展示公開されています。9つのカテゴリーを評価しています。エネルギーと水に関しては段階評価を行っています。また、材料、地表水管理、廃棄物は必須項目であり、空気汚染、健康、管理、環境性は加点要素となっています。

　その内のZEH（ゼロ・エネルギーハウス）を紹介しましょう。**図5**はKingspan Lighthouseです。この住宅は、284mmの高断熱で、U値が0.11W/(m^2・K)、ガス充填三重窓ガラス+木枠（U値0.7W/(m^2・K)）の外皮性能を持ちます。比較的床面積は小さい76.5m^{2}の住宅ですが、空間的な豊かさがあります。太陽電池46m^2、太陽熱集熱器4m^2、バイオマスボイラーが設置されています。建設に2億円ぐらいを要したとのことですが、半分は太陽電池に使用されたそうです。ZEHがまだ開発段階で建設にはかなりの費用がかかることがわかりますが、太陽電池の価格や高効率設備はその後かなり価格が下がってきています。

図6　Barrat Green House（英国建築研究所）

図7　ドイツの住宅展示場

　もう一つのZEHはBarrat Green House（**図6**）です。この住宅は英国初のCSHレベル6を実現した住宅です。Home for the Future Design Awardなどさまざまな受賞をしています。自然換気システムや上昇する暖気を利用した衣類乾燥などが特徴的です。日本は水が豊富なため雨水利用はあまり多くはないですが、海外では都市の水が不足している場合が多く、この住宅でも雨水をトイレや洗濯に利用しています。地下に3,000Lのタンクがあります。

　英国には、高口先生が翻訳を行っているBedZED（Beddington Zero Energy Development）というゼロ・エネルギーを目指した集合住宅の取り組みもあります。住宅の低炭素化に対する関心が高いことがわかります。また、単純に技術開発のみに終わるのではなく、評価と技術開発をセットしてビジネスとしても成功させようとする試みが感じられます。

　2014年にドイツの超省エネ住宅やゼロ・エネルギーハウスを見学してきました。研究サイトではなく一般の方のための住宅展示場です（**図7**）。ちなみに、ドイツでは年間に約20万戸新築住宅が建設されています。日本の市場規模の5分の1ぐらいの感じです。床面積は日本よりもかなり広いのですが、ゼロ・エネルギーに近い住宅が建設されています。充分な断熱による負荷の削減とヒートポンプ、太陽電池、太陽熱の利用により成立しています。

第1章 ゼロ・エネルギーな未来のくらし

図8 エコセンターに勤務されている所員の方の新築住居

　住宅展示場は、そうはいっても豪華ではないかということで、エコセンターに勤務されている所員の新築住居を訪問させて貰いました（**図8**）。2012年に完成したツーバイの木造住宅です。ご本人は35歳（当時）で奥様と子ども2人が住んでいます。ほぼゼロ・エナジーの住宅なのです。地中熱ヒートポンプ利用、太陽電池は8kW、太陽熱温水器8m^{2}の構成です。断熱は340mm～400mmもあり熱を漏らさない構造になっています。3階は、賃貸にする予定で週末に彼自身がDIYで内装工事を行っている途中でした。西ファサードは、シャッターで日射遮蔽ができるようにしてあります。熱橋を避けるためにシャッターは窓と離してあり、ガラスはLow-Eを含む三重でサッシも木造と金属の複合です。住宅の広さといい、週末に時間をかけて内装を自分で行うなど、自分の生活を考えると羨ましい限りでした。

　日本の住宅ではスペースの関係からまず見られない、機械室がありました。HEMSも設備機器とIP接続しています。IP接続とは、IP（Internet Protocol）と呼ばれるインターネットの通信手順を用いて、コンピュータなどをネットワークに接続することです。機器は個別の識別番号を持ちます。ほとんどビル用と同じような制御が行われていました。また、日本でもこれから普及が加速するスマートメーターもすでに導入されています。最近のドイツの住宅

では床暖房の配管を利用して床冷房も行っています。ヒートポンプで地中熱を利用して床冷暖房するのです。日本では湿度の問題があり、また放熱量が不足するので、夏の床冷房はなかなか難しいのですが、湿気がないと楽です。冷やすというより躯体が熱くないという感じです。

写真はエネルギーパスといわれているエネルギーの評価書です（**図9**）。1年間にCO_2排出量は$4kg/m^2$なのです。普通の家の10分の1ぐらいです。ほとんどゼロに近い。$324m^2$もある広い住宅ですが、単純に計算すると世帯でも1,296kg/世帯・年です。これでも日本の住宅の1/3程度です。日本の住宅は狭くて寒い。何をすべきかが日本では忘れられているように思います。KfW（ドイツ復興金融公庫）というのがいわゆる住宅に融資する公庫のようなところで、そこで省エネ認定を行っています。Efficient Houseでは、通常の4割までカットすると補助金が貰えます。彼の家はエネルギーの研究を行っているということで、非常にエネルギー消費量が低い住宅になっています。

蓄熱槽も大きいです。$1m^3$の蓄熱槽があって、太陽熱で暖めて、ヒートポンプで追い炊きをしています。日本と違って、追い炊きといっても40℃あれば十分なのです。日本では湯舟に何人も入るため追い炊きをしますので、この温度では難しい。バスタブも大きかった。デンマークなどではオイルショックの後、バスタブを使用しない、すなわち湯船にお湯を張らない運動をしました。したがって、かなり立派な新築住宅でもバスタブがないことが多いのです。授業や講演でもそう説明していましたので、今回の見学では「あれっと」思いました。ゼロ・エネルギー化を進めていくとライフスタイルも変わっていくのかなと感じました。そのエコ研究所に在籍されている日本人所員も、

図9　ドイツのエネルギーの評価書・エネルギーパス

「いや、もうシャワーだけですよ」といわれていましたが、じつは見る家、見る家、ゼロ・エネルギーハウスに行ったら浴槽が大きい。省エネのために生活を犠牲にしなくてもよいと思ってしまいます。ZEHには、従来の省エネ住宅の延長ではない何かがあるように感じます。

　ドイツでは新築に関するエネルギー規制も多いのですが、ストック対策が重要視されています。そのため、融資は改修工事に手厚く行われています。現在、年間の改修工事がストックの1％ぐらいだそうです。単純計算ではすべて終わるのに100年かかってしまうので、2％に上げたいといわれていました。住宅の改修工事は内需性が強いのでよい投資といわれています。工事で働く人も地元の人だし、建材も地元のもので、使ったお金は地域に落ちるのです。

　山が少ないので水力発電などが利用出来ない韓国でも、ZEHに関する研究が行われています。韓国ではGreen Tomorrow（図10）というモデル住宅をソウル郊外にサムソンが建設しています。Arup社が基本設計した420m^2の規模を持つ戸建住宅です。韓国では集合住宅が多いのですが、かなり大きな規模の戸建住宅をどうして建設したのかと思っていましたが、この住宅は欧米やアラブ諸国に対するショーケースとのことでした。サムソン製品を含めて海外への市場開拓のためのモデル住宅でした。デザイン性も非常に高い住宅です。ゼロ・エネルギー（消費エネルギー削減、自然エネルギー供給）に34の技術、ゼロ・エミッション（LCCO$_2$）に18の技術、Green IT（省エネ・創エネのモニタリング等）に16の技術が用いられています。印象に残ったのはしっかりした開口部とDC配電でしょうか、真空ガラスも用いられています。LEEDプラチナを取得しており、アジア初のZEHと謳っています。LEEDとは、米国グリーンビルディング協会（USGBC: US Green Building Council）が開発・運用を行っている建物と敷地利用についての環境性能評価システムのことです。欧米の雑誌でも盛んに紹介されています。LG電子でも同様のZEHプロジェクトを推進しているそうです。

　また、韓国建設技術研究院（KICT）はゼロ・エネルギー集合住宅Zero

図10　韓国Green Tomorrow

Carbon Green Home（**図11**）を建設しています。2016年に見学をしてきました。韓国では2025年にすべての新築建物をZEB化すると目標を定めています。ZEBを目指した集合住宅の実証を目的として2013年に建設された施設で、15世帯分の居室が用意されています。エレベーター、階段などの共用部と本体建物は、構造的にも熱的にも縁を切っていることに驚きました。真空断熱材で鋼製建具を断熱しています。本体はRC構造で外断熱を採用しています。U値は0.15W/(m²・K)です。ファサードの色が塗り分けられているのは、外皮のバリエーションを表しているそうです。バルコニーの熱橋を最小限にするため、構造躯体から鉄筋のみを用いた片持ち梁とし、外壁との境界部分において断熱材を充填することで熱的な縁を切っています。3階にはBIPVルーバーが採用されています。BIPVとはBuilding Integrated Photovoraticの略で建築一体型太陽電池の略です。5階には外付けブラインドが採用されています。開口部の施工誤差による隙間には韓国では一般にはウレタンを充填していますが、そのウレタンも経年変化で隙間ができるため、さらに気密テープで性能を確保するなど細かな工夫もされていました。5重ガラスなどさまざまな熱性能を持った窓も採用されています。もっとも性能の高い製品でU値は0.90W/(m²・K)とのことでした。太陽光発電パネルは

図11 韓国建設技術研究院（KICT）によるゼロ・エネルギー集合住宅Zero Carbon Green Home

屋上だけではなく壁面にも設置し、合計36kWの容量でした。冬の発電量を確保し、また雪が溜まらないようにするため南面の1列のみ勾配を急にしていました。

　それでは、この集合住宅の実験結果はどうだったのでしょうか。2013年には年間46MWhの発電量があり、1戸当たり平均255kWh/月でした。これで韓国の一般的な集合住宅で使用される電力消費量の85％が賄えます。また、50kWのペレットボイラーを2台設置して、給湯および床暖房を行っています。加えて、全熱交換器を採用するとともに、人感センサと連動した外気量調整装置も備えられています。配管の熱回収の仕組みなどさまざまなことが考えられています。断熱や優れた開口部、ペレットボイラーなどを用いることにより暖房・給湯用エネルギー消費量は韓国の平均値の96 kWh/m^2年に対して15kWh/m^2年と非常に少なくなっています。実験居住が終わった後はドミトリーとして使用されていますが、きわめてZEHに近い集合住宅となっています。集合住宅では太陽電池の設置面積から難しいといわれるZEHですが、興味深い実践が行われています。

3. 快適性と健康性

　私が留学したときに住んでいたデンマークの住宅です（**図12**）。冬は非常に寒く外気温マイナス20℃も経験しました。ところが、家の中に寒さがないのです。断熱が大変よいのです。暖房は温水放射パネルで簡単に行っているだけ。その後、デンマークには何度も滞在することになりますが、窓は三重ガラスだし、しっかり断熱されているし、暖かい家はいいなと本当に思いました。それまで住んでいた日本の住宅は寒かったのだなと、そのときに初めて気がつきました。

　それでは、典型的な住宅の一次エネルギー消費量を見てみましょう（**図13**）。最新の統計データから、米国、英国、ドイツ、EU-28、日本の比較を行いました。日本に関しては、実績値と平成25年基準に適合する6地域の120m^{2}の戸建住宅で間欠空調を行う場合の基準値を示します。グラフの左部分が暖房によるエネルギー消費量になります。日本は極端に少ないのです。米国、英国、フランス、ドイツに比較しても4分の1程度しかありません。これは効率的に暖房が行われているためではありません。理由は日本の住宅は暖房していないということです。暖房していなければもちろんそれに使用

図12　留学したときに住んでいたデンマークの住宅

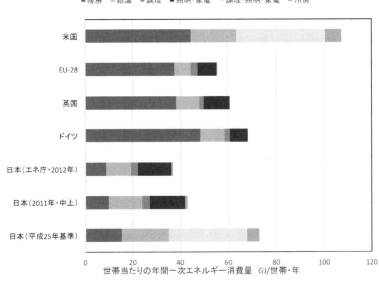

図13　世帯当たりの年間一次エネルギー消費量

するエネルギーは当然少なくなります。気候が温暖ということもありますが、主居室しか暖房しておらず、かつ間欠で暖房を行っていることによります。

図14に日本の住宅の断熱状況を示します。既存住宅の性能が低いのが問題です。2013年の国土交通省のデータによると日本の5,000万を超える住宅ストックの断熱性能で現行基準を守れている住宅は、たかだか6%しかありません。昭和55年基準未満である無断熱にいたっては全体の38%に及びます。一方で欧米の住宅のエネルギー消費量と比較すると日本は大幅に低いのです。残念ながら、現在の日本人は冬寒い住宅で我慢して暮らしていることがわかります。実は韓国や中国よりも寒い。給湯使用量が多いのですが、熱いお風呂に入らなければ、冬季に快適に過ごすことすら難しい状況なのです。全室暖房していないので、トイレ、脱衣室、浴室などの冬季の室温がものすごく低いのです。これは省エネとはいえません。日本の住宅は明らかに暖房しておらず寒いのです。

先ほど述べたように既存住宅はまったく駄目です。建築に関係する人がその重要性を主張してこなかったためだと思います。住宅の断熱化や気密化の大きなメリットは、省エネで快適で健康な暮らしができることです。住宅は本来、快適で健康な暮らしを送る場所であり、住宅と健康の増進は不可分です。戦前、京都帝国大学医学部衛生学教室が発行していた雑誌「国民衛生」は、健康増進を図るうえで住宅の重要性を啓発していました。同誌を主宰した戸田正三京大教授は、冬に高くなる乳幼児死亡率を抑えるという公衆衛生学の見地から、日本の住宅の暖房の必要性を説いています。

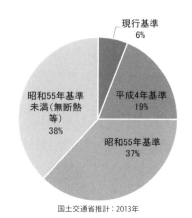

図14　住宅ストックの断熱性能

※ここで、現行基準は、建築物省エネ法のH28省エネ基準（エネルギー消費性能基準）の断熱基準をさす
（省エネ法のH11省エネ基準及びH25省エネ基準（建築主等の判断基準）の断熱基準と同等の断熱性能）

　日本ではこのまま無断熱にしておく方が、暖房用エネルギー消費量が少ないので、よいのではないかと極論する人もいます。確かに、中途半端に断熱すると逆にエネルギー消費は増えてしまう可能性もあります。しかし、寒さと同居するのは健康的には非常によくない。日本は長寿命国ですが、健康寿命も長くしなければならないのです。一方で給湯エネルギー消費量は多いのです。日本のくらしのイメージは、断熱気密の悪い住宅だが、お風呂に入るのが好き、寒いのだけどテレビゲームとか最先端の家電製品に囲まれているといった感じでしょうか。

　東京都健康長寿医療センター研究所の高橋龍太郎博士によれば、年間17,000人程度の方が住宅で死亡していることがわかっています。**図15**に東京都監察医務院による2010年から5年間の統計データと気象庁による東京の平均外気温を示しました。外気温が低くなる冬季に多く発生していることがわかります。消費者庁も2016年1月20日に高齢者の入浴事故に関する注

意を出しています。2017年に再度出しました。外気温との関係が深いことがわかり、そうであれば北海道の死亡率が高いはずですが、そうではないのです。北海道では、住宅が充分断熱されていることにより、浴室・脱衣室の温度が高いためです。冬季の死亡率が高いのは富山県、福井県、福岡県です。福岡県は九州で暖かいような気がしますが、住宅の断熱性能は低く、冬は日本海側の気候のため日照時間も短いのです。暖かい地域に住んでいるという錯覚があるのかもしれません。また、心疾患による死亡者も北海道や東北地方よりも北関東の栃木県が高いのです。

　住宅の断熱性能を向上させ、暖房状況を変えれば死亡率を低減させることは可能と思います。既築住宅に関しては、大がかりなリフォームができればベストですが、住宅全体を断熱しなくても建具などの工夫をすることによって、居室は暖かくすることが可能です。真空断熱材、高性能断熱材などを用いた改修などの技術開発も極めて重要です。居室の温熱環境の改善を行い、

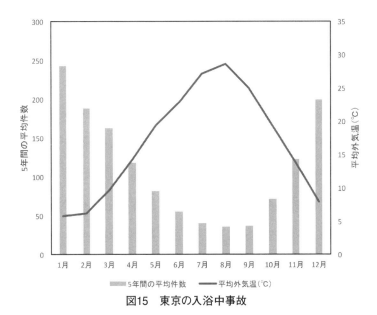

図15　東京の入浴中事故

東京都監察医務院、入浴中の死亡者数の推移（入浴中の死亡を防ぐための留意事項）
気象庁東京の月別平均外気温　から作成

さらに浴室・脱衣室・トイレの改善をすることで健康寿命は延びることが期待できます。健康な室温は21℃ぐらいで、リスクが19℃で現れててきて、高齢者だと16℃より下がるとやはり問題です。(**図16**)。一般的には室温が18℃以下にならないと健常者は寒さをあまり感じないのです。さらに、お年寄りは寒くなっても寒いと感じないのです。お年寄りは満足しているから暖房しなくてもいいのではないかという人がいるのですが、大きな間違いです。10℃以下では低体温症も起こるので問題です。日本の脱衣室とか浴室とかは10℃以下のところが非常に多いのです。

　これまで室温の話ばかりしてきましたが、熱的な快適性を満足するためには室温だけを考慮しても駄目なのです。温熱環境の6要素と呼ばれる、室温、放射温度、湿度、気流に加えて在室者の活動量、着衣量が影響します。室温が27℃でも天井面が焼けて放射温度が高くなると暑く感じます(**図17**)。冬は室温が22℃でも窓面や床面が断熱不足で冷たくなっていれば寒く感じます。これらの要素の組み合わせで暑くも寒くもない環境になっても、さらに局所不快感という不快がなくならなければ快適な状態とはならないのです。局所不快感には上下温度分布、ドラフト(気流による不快)、放射不均一、

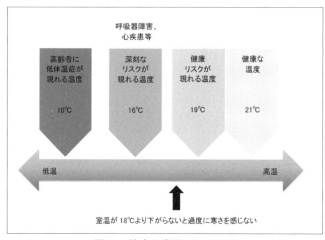

図16　健康な室温(英国保健省)

第1章　ゼロ・エネルギーな未来のくらし

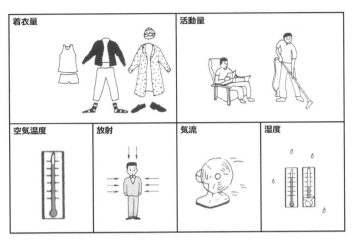

図17　温熱環境の6要素

熱すぎる冷たすぎる床温度があります。つまり暖房や冷房方法によって快適度が異なります。

　建築家は自分の作品である住宅が春や秋の冷暖房がまったく不要な清々しい環境で快適に使用されている日を想像するのに対して、建築設備や環境分野の人はもっとも寒い日でも暖かくしてあげよう、もっとも暑い日でも涼しくしてあげようと思っています。この違いから環境設計に対する違いが生じるかもしれないと考えています。冷暖房設備の設計容量は最大値で決めるからです。エアコンの10畳用などの表示もかなり断熱の悪い住宅を想定したものです。最近の住宅やマンションではそれよりも小さな容量で十分冷暖房が可能になっています。冷暖房に依存しない期間をどれだけ長くできるかが大切だと思っています。「良い日を長く」です。初夏に最初にエアコンスイッチを入れると、その後はあまり遠慮せずに使用してしまいます。我慢は駄目ですが、最初にエアコンのスイッチを入れる日を遅らせる。また、使用しなくなる日をなるべく早くすることです。暖房に関しても同様です。そのためには、住宅外皮性能を向上させなければならないのです。

　日本の住宅は寒いが我慢して暮らすことが、美徳ではないかと反論する人

39

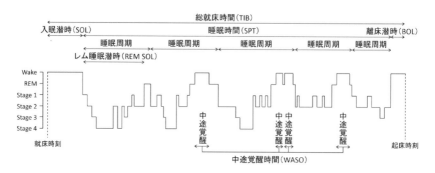

海野賢、田辺新一、三宅絵美香、人体熱負荷とその変動が睡眠に及ぼす影響、日本建築学会環境系論文報告集、Vol.716、2015.10

図18　睡眠の段階

もいるかもしれません。また、子どものときからぬくぬくした一定環境で過ごすことが必ずしも良いことではないかもしれません。このような疑問を私自身も持っていたのですが、この疑問に答えることができる研究が最近発表されています。オランダ・マーストレヒト大学のリヒテンベルトらの研究グループが褐色脂肪細胞による寒冷順化についての報告を行っています。褐色脂肪細胞は寒冷環境において体内の熱産生量を増加させる、非ふるえ熱産生の役割を果たしますが、これまで幼少期にのみ存在すると考えられていました。しかし、被験者実験によって成人であっても寒冷環境に曝露されることで褐色脂肪細胞が発現し、その発現量には個人差があることが判明しています。短期寒冷順化前後で多くの被験者が寒さを感じづらくなり、寒さに対して寛容になると報告しています。冬になる季節の変わり目に寒い日があると真冬よりも寒く感じるのはこのメカニズムのためでしょう。体脂肪率が高いと褐色脂肪細胞の代謝活性が低くなること、高齢になるほど褐色脂肪細胞量が減少することが判明しています。加齢や肥満に伴い、生理的な適応能力が低下するのです。高齢者ほど暖かい環境が必要なのです。若いときは大丈夫だったからといって、年を取っても大丈夫とはいえないのです。

リクルートの池本氏の調査によれば賃貸住宅の転居理由で多いのは結露、カビ、寒さ、音だそうです。昔の下宿、アパートに暮らしていた我々の世代とはかなり様変わりしています。それは親元で育った時の住宅の断熱レベルが上がっているということだそうです。断熱が不動産価値にも繋がる世代が出現してきました。

　また、都市の気温が上昇しており、住環境は夏の睡眠にも大きな影響があります。これまで夜間の室温とひとくくりに述べられることが多かったのですが、睡眠段階によりその影響が異なることもわかってきました。ハスケルは、さまざまな空気温度における被験者実験を行い、空気温度の違いが入眠潜時に及ぼす影響は小さいが、中途覚醒および段階1の浅い睡眠の発生が中立温度から離れるにつれて多くなることを示しています。すなわち、睡眠が浅くなるのです。ムッゼらは、環境温度が高いほどレム睡眠周期が短くなることを示しています。レム睡眠周期に記憶が定着するのではないかと言われており、翌朝の仕事や勉学のためにも快適に寝ることは非常に重要です。われわれの研究室でも睡眠時の温熱環境に関して研究を行っていますが、空気温度以外の天井温などの放射温度や気流などの他の温熱要素の影響も大きいことがわかってきました（図18）。人体熱負荷とその変化率の絶対値が大きいほど中途覚醒発生率が高くなることが実証されています。また、気流の乱れが強いほど中途覚醒発生率が高く、エアコンの発停や窓開け通風による気流の乱れが覚醒刺激となっています。良質な睡眠を得るためには熱的中立状態に加え、気流や温湿度が安定していることが必要です。今後ウエアラブルセンサーなどが発展すればよりよい睡眠環境を計測しながら提供することも可能になるかもしれません。

4. ZEHへのロードマップ

　2013年の省エネ法改正により、住宅に関しても暖房、冷房、給湯、換気、照明機器などを含んだ計画時一次エネルギー消費量で評価が行われるようになりました。2020年までに段階的に建築物省エネルギー適合義務化も予定されています。第一段として2017年4月から2,000m²の非住宅の省エネ適合の義務化が始まりました。適合値よりもさらに進んだ省エネ性能もこれから表示できるようになります。これは、計画時の一次エネルギー消費量の計算方法が統一化されたことも寄与しています。欧州ではすでに不動産取引時に省エネラベルを顧客に示すことが義務化されています。図19はフランスの不動産屋の店頭の様子です。欧州では、冷蔵庫に貼られているマークと同じ省エネマークが住宅にも適用されています。入居希望者は省エネ性能と価格を見定めながら、決めることができます。日本では努力義務ですが、国土交

図19　フランスの不動産屋

通省はBELS（Building-Housing Energy-efficiency Labeling System）という☆マーク（法7条）の5段階で省エネルギー性能を評価し、ラベルを付けるシステムを2016年4月から開始しました（**図20**）。ZEH（ゼロ・エネルギーハウス）の補助金ではマークを取得することで補助金のポイントが増えるので競って取得

図20　BELS

が行われるようになりました。2017年5月末の時点で23,234件も取得されています。戸建住宅が16,873件、共同住宅が5,870件です。さらにラベルの取得が増加するのではないかと思われます。

　省エネルギーや創エネルギーをさらに進めた住宅としてZEH（ゼロ・エネルギーハウス）があります。外皮性能を向上させ、効率的な設備を導入して省エネを行い、さらに太陽電池、燃料電池などで創エネを行うものです。日本ではこれまで、統一的な定義がなく、各社が個別に表示を行っていました。車の燃費表示にルールがあるように、統一した方法が必要とされていました。必要な暖房をしないでゼロになってもZEHと呼んでよいのか、あるいは反対

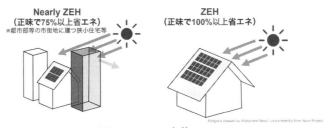

図21　ZEHの定義

に家電製品満載でエネルギーを使いまくるようなむちゃくちゃな住み方をするときまで、ZEHを保証しなければならないのかなどさまざまなことを考える必要があります。

　資源エネルギー庁が2015年12月に明確な定義とロードマップを示しました。このこともあり、ZEHは人気を博しています。**図21**に定義の概略を示します。例えば、東京などの6地域では外皮性能としてUA値0.6W/（m^2・K）を達成したうえで、省エネ基準値から20%以上エネルギー消費量を削減することが必要条件になっています。そのうえで太陽光発電、燃料電池などによりエネルギーを創ることで、正味でゼロ・エネルギーを目指します。今回の定義は計画時計算値で、実績値ではありません。ここで、注意が必要なのは居住者が使用する家電製品などのエネルギー消費は対象に含まれていない点です。家電機器を含んでいないことを批判される方もいるのですが、住宅が建設されて使用がされないとわからないこれらの機器についてまで設計者や住宅供給者が責任を持てるのかということもあります。居住者の家電製品などの使用状況は予測が難しいため、国の定義では除くこととなっています。いずれにしても、住宅内部で使用される家電製品などに関してはトップランナー製品など優れた製品が使用されることが望ましいです。これらのことを居住者によく説明をしておく必要があります。居住者は想定されている消費量より多いか少ないかは入居後にHEMS（ホーム・エネルギー・マネージメントシステム）などを利用すれば確認ができます。車の燃費を自分の燃費と比較して運転方法が適切かどうかを考えるのと同じです。ちなみに、国がSII（環境イニシアチブ）を通じて行っているZEH補助金を受けた住宅に関しては、64%が実際にZEH、家電製品を含んでも実績値として31%がゼロ・エネルギーになっています。

　また、ZEHに関する補助は、2012年度443件、2013年度1,055件、2014年度938件でしたが、2015年度には6,146件と飛躍的に伸びました。さらに2016年度は12,678件と、よりさらに多くなっています（**図22**）。2016年度には補助を受けていない住宅を含めると3.4万棟近くの新築戸建住宅がZEH

として建設されました。大手ハウスメーカーだけではなく中小工務店の動きも活発です。2016年度からZEHビルダー制度を導入し、工務店やハウスメーカーに2020年までにその企業が建てる住宅の半分以上をZEHにしますとホームページなどで公表して登録しないと補助金が受けられなくなるようになりました。施工単価は上がりますが、環境性能と顧客満足度が高い住宅を提供できると、大手ハウスメーカーだけでなく、小さな工務店もカタログを作成したり、本当に頑張っています。2017年3月17日までに実に5,637件の企業が登録しています。その効果もあって、話題が沸騰しています。マスコミの広告でもZEHという言葉を良く聞くようになりました。また、リノベーションにもZEH基準が設定されてます。現在、集合住宅に関しては明確なZEHの定義が行われていませんが、今後議論が行われると思います。先ほど述べた国交省のBELSマークでもZEB、ZEHの表示（**図23**）が可能になりました。

　なぜ通常の住宅よりも値段が高くなる住宅に注目が集まるのかに関しては、さまざまな意見がありますが、外皮性能の向上により住み心地が飛躍的

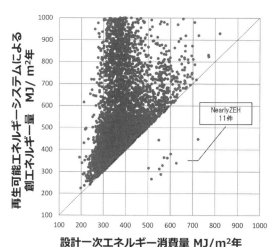

図22　ZEH補助金

に向上する、老後の光熱費の心配がほとんどなくなる、FIT（固定買取制度）を利用して売電が可能であることなどが考えられます。

図23　BELS－ZEHの表示例

　それでは、ZEHはどのような方向に進むのでしょうか。その一部を垣間見ることができるのが本書の取り扱う大学対抗エネマネハウスではないかと思います。早稲田大学では2014年、2015年と応募して実住宅を建設しました。その経験では、FIT（固定価格買取制度）後を考えるとZEHでは創エネの自家消費を増やしていくことが、重要であると認識しています。また、蓄電池価格が安くなり、燃料電池の発電効率が45％程度を越えれば既築住宅にも大きな変革が訪れるでしょう。電気自動車や蓄熱との連携なども重要になります。図24に示したように住宅は単体で外部からエネルギー供給を受けるだけではなく、外部に電気や熱を供給できるようになります。加えて、住宅単体から地域や町単位でのエネマネが重要になるでしょう。早稲田大学では林泰弘教授を中心にスマー

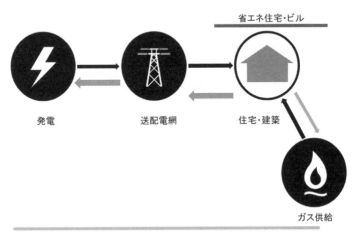

図24　住宅と地域との関係

ト社会技術融合研究機構（ACROSS）を設立しこの分野の研究を行っています。

　エネルギーや環境情報も片方から両方向になってきています。スマートグリッドの実現で住宅は今後大きく変化するのではないかと感じています。昔は火力、水力、原子力で発電して配って、工場、建築、住宅で使うだけでした。電力が不足すれば発電を行いました。しかし、風力や太陽光などの不安定な再生エネルギーがグリッドに導入されると電圧と周波数が不安定になります。そのために、スマートグリッドが必要なのです。再生可能エネルギーの使用が増えれば単位電力当たりの二酸化炭素排出量、すなわち原単位も改善できます。ZEB、ZEHが配送電網のどこにあるかで太陽電池が有効に利用できたり、利用できなくなる事態も想定されます。蓄電池が安くなってくれば、なるべく自家消費で系統電力に負荷をかけない方法が住宅でもさらに評価されるようになると思います。ZEH（ゼロ・エネルギーハウス）を増やしていくためにはこういったことも考えておかなければなりません。

　一方で、住宅におけるICT技術ですが、住宅そのものの技術開発に比較して本当にスピードが速いのです。アップル社のiPhoneが日本で最初に販売されたのが2008年です。まだ、10年です。その後のスマートフォンの急速な普及と生活へ与えた影響を考えるとMEMSやHEMSもキラーコンテンツがあれば大きく躍進する可能性があります。2014年1月に米国でGoogleがクラウド型住宅用サーモスタットを開発する会社（NEST Lab）を約3500億円で買収しました。この会社は規格が統一されている米国の冷暖房機器のサーモスタットを置き換えることで大きな省エネ効果が得られるとしています。米国の住宅用冷暖房装置はセントラル方式が多く、その制御に関しては温湿度の設定値を空調機に送るような仕組みになっています。DIY店などでもプログラム機能の付いたサーモスタットを購入して自分で取り付けることができます。

　じつはこの製品の最初のアイデアは2009年に発表されたカリフォルニア大学バークレー校の博士論文であると言われています。たまたま、彼女の指

導教員が私の古巣のバークレー校の教授であったため、裏話を本人も含めて聞くことができました。この博士論文を書いた女性は建築学科の出身です。彼女はNEST Labs社の設立時に誘われたそうですが、別の会社のサーモスタット開発に関わっていたので断ったそうです。私だったら悔しがっていると思いますが、本人は意外と淡泊でした。NEST Labs社は2011年に設立されて僅か3年でこれだけの価値を持つようになりました。制御ソフトを作成できる人と省エネや在室者の快適に関して研究を行っている建築分野の電建融合は新しいイノベーションが期待される分野になっています。Googleは単にサーモスタットということだけではなく、そこから生活の様子を見ることができるという点に価値を置いているのだろうと思われます。

データの利用という点では米国のGreen Button（**図25**）があります。自宅のスマートメーターの計測値をダウンロードすることができます。そのデータを解析してくれるアプリも登場しており簡便な省エネ解析も可能になっています。DOE（米国エネルギー省）が全国のフォーマットを2011年までに統一した功績が大きいです。この仕組みを利用してワシントンDCでは公共施設のエネルギー消費量やレイティングをリアルタイムで公開しています。

将来性がある分野ですが、もちろん、心配もあります。住宅のエアコン、防犯機器、鍵、照明、家電機器がIoT（Internet of Things）導入で簡便に利用できるようになれば大変便利ですが、個人の行動が赤裸々になります。顔認識機器Welcomeを少しの間研究室においていましたが、何か覗き見をしているようで、これが一般的になってしまうと何か嫌な気もします。セキュ

図25　Grenn Button

リティの問題もあります。しかし、技術開発でこれらの問題も解決は可能でしょう。やはり便利なものは多少の困難があっても誰かがそれを克服する技術を提案して普及していくのだと思います。睡眠や人の動き、感覚などをウエアラブルで計測できる機器も安価で提供されており、数年後にどのようなビジネスモデルが展開されるかは興味深いところです。

　省エネルギーやわれわれの生活に革新的な変革をもたらす可能性があるICTですが、その進歩は日進月歩です。拙宅には2009年にHEMSを導入しましたが、今となっては陳腐化したものになっています。アプリケーションはアップデートされていませんし、スマートフォンでの活用も想定されていません。

　Whole Earth Catalogを編集してきたスチュアート・ブラントが、1994年にHow Buildings Learnという本を出版しています。副題にWhat Happens After They're Builtと付けられています。非常に興味深い本ですが、その表紙の絵は秀逸です。建築を6つの層に分割してその時間的な意味も解説しています。ICT技術は最後のSTUFFに含まれ、最も動きが速い層です。このSには1年も持たずに変わっていくものもあると述べています。今後の住宅のスマート化を考えていくうえで、それぞれのSが持つ寿命に関してもよく検討していないと、流行は直ぐに陳腐化します。一方で、住宅の空間はなかなか変化しないのです。

5. 環境設計の競技：ソーラー・デカスロン

　ソーラー・デカスロンは、米国エネルギー省（DOE）によって主催され、国立再生エネルギー研究所（NREL）が組織して開始された、大学対抗による先進的な省エネルギー住宅の建築コンペティションです。2002年にワシントンDCの国会議事堂前のナショナルモールにおいて初回が開催されました。初回には、全米14大学によって競技が行われています。**表2**にこれまでのソーラー・デカスロンの大会に関して示しました。2005年にカナダとスペインが参加し、2007年、2009年と続けられ、2010年にはじめて欧州大会がスペインで開催されました。その後も中国、ラテンアメリカで開催されています。このコンテストが開催された背景には、天然ガスなどの資源価格の高騰、中東の石油輸出の混乱、カリフォルニア州の電力危機などがあります。米国全土でのエネルギーに対する関心の高まりから、米国エネルギー省（DOE）が大会を創設しました。米国の政権交代によって、どのようになるか、注目する必要はあります。各会の配点は時代背景や開催地の状況などに合わせて微妙に変わっています。**図26**には2007年米国大会で優勝したドイツのダルムシュタット工科大学の住宅を示しました。

以下の4つがの主目的とされています。

① 太陽光利用の技術革新：太陽光発電とエネルギーの効率的な利用促進
② 再生可能エネルギーの普及促進：市民への再生エネルギーの利用促進と購買意欲拡大
③ 消費者教育：消費者とのコミュニケーションの視点は大会の特徴、高効率設備導入や新しい機器への買い替えを促進
④ 学生教育：世界中の学生に、建築分野の実践的な経験を与えること

表2　米国及び欧州・中国・ラテンアメリカで開催されたソーラー・デカスロン大会

年	開催場所	優勝校	優勝校のポイント	評価項目			
2002	ワシントンDC	コロラド大学 ボールダー校	875.3	設計・居住性 発表・数値計算 グラフィック・コミュニケーション ホームビジネス 太陽エネルギー利用	200 100 100 100 100	温水 エネルギー収支 照明 快適ゾーン 冷却（冷凍）	100 100 100 100 100
2005	ワシントンDC	コロラド大学 デンバー校＋ボールダー校	854	建築 住居 文書 コミュニケーション 太陽エネルギー利用	200 100 100 100 100	家電製品 温水 照明 エネルギー収支 快適ゾーン	100 100 100 100 100
2007	ワシントンDC	ダルムシュタット工科大学・ドイツ	1024.855	建築 エンジニアリング 市場生存率 コミュニケーション 太陽エネルギー利用	200 150 150 100 100	家電製品 温水 照明 エネルギー収支 快適ゾーン	100 100 100 100 100
2009	ワシントンDC	ダルムシュタット工科大学・ドイツ	908.297	建築 市場生存率 エンジニアリング ネットメータリング ホームエンターテイメント	100 100 100 100 80	快適ゾーン 温水 家電製品 照明設計 コミュニケーション	120 80 80 75 75
2010（欧州大会）	スペイン・マドリッド	バージニア工科大学＋バージニア州立大学	812	建築 エンジニアリング エネルギー効率 エネルギー収支 快適ゾーン	120 80 100 120 120	オペレーション コミュニケーション 市場アピール 革新性 持続可能性	120 80 80 80 100
2011	ワシントンDC	メリーランド大学	951.151	建築 市場アピール エンジニアリング コミュニケーション ホームエンターテイメント	100 100 100 100 100	快適ゾーン 温水 家電製品 手頃な価格 エネルギー収支	100 100 100 100 100
2012（欧州大会）	スペイン・マドリッド	グルノーブル建築国立学校	908.72	建築 コミュニケーション エネルギー効率 エネルギー収支 快適ゾーン	120 80 100 120 120	オペレーション エンジニアリング 市場アピール 革新性 持続可能性	120 80 80 80 100
2013	オレンジ郡、カリフォルニア	ウイーン工科大学	951.922	建築 市場アピール エンジニアリング ホームエンターテイメント コミュニケーション	100 100 100 100 100	快適ゾーン 温水 家電製品 手頃な価格 エネルギー収支	100 100 100 100 100
2013（中国大会）	中国大同市	ウーロンゴン大学（オーストラリア）	959.555	建築 エンジニアリング ソーラーアプリケーション コミュニケーション ホームエンターテイメント	100 100 100 100 100	エネルギー収支 温水 家電製品 熱快適性 市場アピール	100 100 100 100 100

年	開催場所	優勝校	優勝校のポイント	評価項目			
2014 (欧州大会)	フランス・ベルサイユ	ローマトレ大学	840.63	建築 エンジニアリング 構造 エネルギー効率 コミュニケーション	120 80 80 80 80	社会認識 都市デザイン 交通 手頃な価格 持続可能性	80 120 120 120 120
2015	オレンジ郡、カリフォルニア	スティーブンス工科大学	950.685	建築 市場アピール エンジニアリング コミュニケーション 手頃な価格	100 100 100 100 100	快適ゾーン 家電製品 家庭生活 通勤 エネルギー収支	100 100 100 100 100
2015(ラテンアメリカ・カリビアン大会)	コロンビア・サンティアゴ・デ・カリ	ORT ウルグアイ大学	779.15	不明		不明	
2017	デンバー、コロラド	すでに応募校は選定済					
2018 (中国大会)		すでに応募校は選定済					

　また、2012年にもスペイン・マドリッドで2回目が開催されました。欧米では大学の建築教育にも影響を及ぼすようになっています。現在は、欧州、中国、アフリカ、中南米、中近東で開催されています。

　ソーラー・デカスロンでは、その年の大会が終了した時点で予選の応募が始まります。すなわち、予選は大会の 2 年前に行われることになります。予選の提案書は、建設予定の住宅だけではなく、スケジュールや教育目標、大学カリキュラムの構成などを含めて総合的な提案が求められています。予備審査に関しては、技術的な革新性とデザイン、資金計画とチームサポート、大学カリキュラムとの連携と参加学生への配慮、組織図とプロジェクト計画が評価されることになっています。表2に示したように配点項目は時代背景などから少しづつ変化しています。単にデザインがよければよいと言うことではなく、実際に建設するためのサポート体制や協賛企業の有無が占める比重も高いのです。予選では約 20 チームが選択されていますが、補欠も選出されています。予選を通過しても途中で脱落しているチームもあります。最終審査はソーラー・デカスロン大会で行われることになります。デカスロン

第1章　ゼロ・エネルギーな未来のくらし

図26　2007年米国大会で優勝したドイツのダルムシュタット工科大学の住宅

というように、10項目の審査があります。実測によって得点が決まる項目と審査員が判定する項目があります。

　今後の大会は、2017年に米国で、2018年に中国で行われる予定です。この2つの大会の出場校はすでに決まっています。日本の大学が1校も入っていないのは気になります。ソーラー・デカスロンは、ある意味では世界のZEHやスマートハウスの次世代のデファクトスタンダードになるかもしれません。米国以外でも開催されるようになり、その影響力は大きくなっています。知人がいるデンマーク工科大学、アーヘン工科大学や米国の大学でも集まるとソーラー・デカスロンの話題で盛り上がっています。上海の同済大学のチームも3回出場しています。このチームのリーダーは日本の大学の建築学科で博士を取られた先生ですが、日本が本分野ですでに中国に抜かれたことを感じてしまいます。日本では住宅に関する技術開発は民間で行うことが適当で、政府で開発する技術はもうないと考えられているのかもしれません。私自身は生活に関わるイノベーションの種は住宅にあると考えているのですが、日本ではグッズ的な発想になってしまいます。生活スタイルやデザ

イン、住宅の空間などと結びついた技術開発は世界的に必要とされているのではないかと思います。

　その後、2018年に中近東、ラテンアメリカ・カリブで大会が予定されています。日本の大学対応エネマネハウスでは、ソーラー・デカスロンの審査方法を踏襲しています。詳細は、2014年、2015年のエネマネハウスの章で詳しく述べたいと思います。

【参考文献】
IEA (International Energy Agency)　https://www.iea.org　（20170807 閲覧）
資源エネルギー庁、平成 27 年度エネルギーに関する年次報告（エネルギー白書 2016）
http://www.enecho.meti.go.jp/about/whitepaper/2016pdf/　（20170807 閲覧）
日本エネルギー経済研究所計量分析ユニット編：EDMC エネルギー・経済統計要覧、（一財）省エネルギーセンター、2017
資源エネルギー庁、平成 27 年度(2015 年度) における エネルギー需給実績
http://www.enecho.meti.go.jp/statistics/total_energy/pdf/stte_022.pdf　（20170807 閲覧）
建築物のエネルギー消費性能の向上に関する法律
http://law.e-gov.go.jp/announce/H27HO053.html　（20170807 閲覧）
英国建築研究所、イノベーションパーク　https://ipark.bre.co.uk　（20170807 閲覧）
ビルダンスター著、高口 洋人・中島裕輔訳：ZED Book ゼロエネルギー建築 縮減社会の処方箋、鹿島出版会、201009
The U.S. Green Building Council (USBBC)　https://www.usgbc.org　（20170807 閲覧）
Korea Institute of Civil Engineering and Building Technology (KICT)　韓国建設技術研究院
https://www.kict.re.kr/eng/　（20170807 閲覧）
国土交通省、建築物省エネ法の表示制度
http://www.mlit.go.jp/jutakukentiku/house/jutakukentiku_house_tk4_000114.html
（20170807 閲覧）
BELS 建築物省エネルギー性能表示制度 https://www.hyoukakyoukai.or.jp/bels/bels.html
（20170807 閲覧）
早稲田大学　スマート社会技術融合研究機構　ACROSS
http://www.waseda.jp/across/　（20170807 閲覧）
Solar Decathlon　https://www.solardecathlon.gov　（20170807 閲覧）

第2章
Nobi-Nobi HOUSE

1. いい日を長く

　四季のある日本の伝統的な住まいは、開放的なつくりであったこともあり、夏冬はきびしい室内環境でした。その後、日本の住宅や建築は、高気密化やエアコンなどの機械設備の技術の進展により室内の環境がとても快適に調整されるようになりましたが、エネルギー大量消費時代の住まいにもなってしまいました。日本のZEHはエネルギーを減らすことが目標ですが、我慢をしてきびしい環境にもどるわけではありません。もともと伝統的な住まいでは、春を待つ楽しみや、秋の月見、秋の夜長など、良い季節・良い気候を楽しむという文化があり、縁側などの半屋外の空間によって環境調整を行うなどパッシブな方法も暮らしに利用されてきました。省エネ技術のさらなる発展とともに、暮らしの質とのバランスを考えることが重要になると言えます。

　もし、エネルギーロスを減らすことだけを目標にするなら、住宅の外皮（壁や屋根、床）は、外部に対していっそう閉鎖的になり開口部はなるべく少ない方がよいという考え方になりかねません。省エネ効果はバツグンだが窮屈な暮らし、というのでは未来への住まいの提案としては不十分です。

　「エネマネハウス2014」早稲田チームの学生による初期のZEHアイデアは、中央にコアのあるプランで、周囲には窓の大きな居室を配していました。季節や方位によって微妙に変化する気候を、暮らしに取り入れたいという季節に対するコンセプトを持っていました。しかし外部の変動を受けるということは、外部環境へのエネルギーロスにつながるし、また、日射などのパッシブなエネルギーを有効に取り入れるためには、昼夜や季節に応じて調整が必要となり、不慣れな住まい手には少し難しいかもしれません。

　のびのびと季節を感じて楽しむ暮らし方と、エネルギーロスのない住まいの形は、矛盾を含んでいるのではないか—

　デザインを指導した古谷誠章は、かねてより「重ね着する家」というアイデアについて、次のように述べていました。

「衣服なら気候が暑すぎれば上着を脱いで襟を開き、腕まくりをして過ごすし逆に寒ければ何枚も着込んで襟元にマフラーを巻き、体温の低下を防いで暮らすだろう。外界の気候の変化に対応して微妙に衣服の透過度を調節することができる。翻ってその上に着ているはずの住居やそのほかの建築はどうか。かつては衣服に似た調節装置が建築の各所に工夫され、不快な気候からなかに住む人の生活を守っていた。夏と冬で障子を替えたり、蚊帳を吊ったり、夜には雨戸を建てたりしていたのだが、技術文明の発達とともに、機械力によって室内気候を強制的につくり出すようになって、その効果を高めるためにむしろ開口部は高気密化され、内外の空気を断絶する方向に走ってきた。」

省エネルギーのためにさまざまな建築や設備技術を導入したうえで、暮らしにおけるZEHとして、この「重ね着する家」をコンセプトとしました（**図1**）。

図1　地域の気候に合った伝統的住まい

つまり、外皮をはじめとした環境をコントロールする機能と、暮らしのアクティビティを連動させられる空間計画や、省エネと環境調整を行えるような設備と建築のシステムの提案がゴールです。

「今朝は寒かったから、今年初めてエアコンをつけたよ」、「うちは寒いから、随分前からつけてるよ」、「昨晩は暑くて眠れなかった」、「うちは、夜、窓開けるといい風が通るよ」。

四季の変化に敏感な日本人は、寒さ暑さの話が挨拶がわりです。室内の環境が悪いとき、外気の良い気候を上手に取り入れると、換気や冷暖房などのエネルギーを少なく抑えることができます。また、窓開けのような自然換気をおこなう行動は開放的な気分になるため、住む人にとって快適性の面で満足感を向上させるとも言われています。とくに、季節の変わり目の、1日の中でも寒暖差のあるような時期には、上手に外気を取り入れエネルギーを使わずに「いい日を長く」保つ工夫をすることで、中間期の省エネ化をはかることができそうです（**図2**）。高度なテクノロジーを組み合わせたZEHですが、その目標は、このような人の暮らしに馴染んだ行動をサポートし、生活の質を高めた住まいとなることだと考えています。

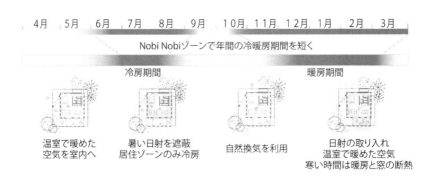

図2　「いい日を長く」とは

エネマネハウス2014概要

　エネマネハウス2014は、「大学が主体となり企業などと連携して、先進的なZEHの技術・ZEHを活用した新たな住まい方を取り込んだモデルハウスを建築・展示する」コンペティションである。

　「2030年の家」と題し、エネルギー、ライフ、アジアの3つのテーマが与えられた（**図3**）。エネルギー問題を「すむこと」に結びつけて考える、少し未来に実現する日本の住宅と住まい方を示し、アジアへ展開できる技術を示すことがゴールであった。

　2013年7〜8月に公募があり、書類審査で採択された5大学がそれぞれ多くの企業と組んで、9月より事業が開始された。設計や建築確認などを経て、2014年1月8日〜21日までの2週間で東京・東雲の会場に建設された。1月22日〜31日までの間、準備と測定競技（25日〜28日）、審査委員による現地審査が行われた。また1月29日〜31日は展示期間とされ、会場には多くの一般来場者が訪れた。

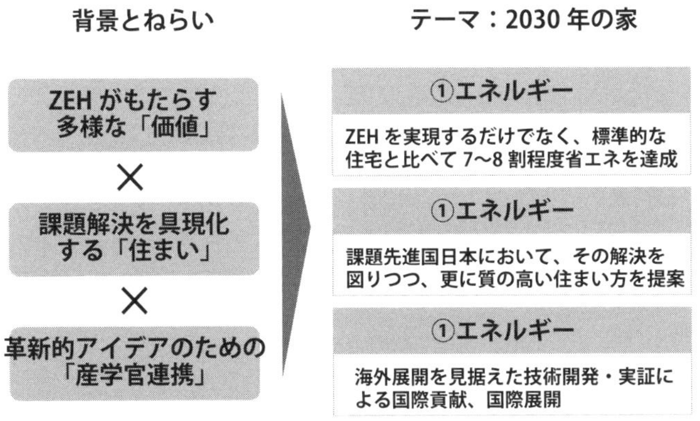

背景とねらい

- ZEHがもたらす多様な「価値」
- ×
- 課題解決を具現化する「住まい」
- ×
- 革新的アイデアのための「産学官連携」

テーマ：2030年の家

① エネルギー
ZEHを実現するだけでなく、標準的な住宅と比べて7〜8割程度省エネを達成

① エネルギー
課題先進国日本において、その解決を図りつつ、更に質の高い住まい方を提案

① エネルギー
海外展開を見据えた技術開発・実証による国際貢献、国際展開

*ZEH：ネット・ゼロ・エネルギー・ハウス
　　1年間での1次エネルギー消費量が正味ゼロの住宅

図3　エネマネハウス2014のテーマ

2. 設計コンセプト　重ね着する住まい

　私たちが提案した「Nobi-Nobi HOUSE」は、鉄骨造1階建て、居住部分は約50平米の住まいで、2週間で建設されました（**表1、表2**）。5大学中唯一、鉄骨造で窓にはアルミサッシを用いています。広く一般に普及している素材や工法で、また熱性能以外のデザイン性や耐久性が高いといったメリットを持つ素材を用いた住宅で、ZEHを達成することが私たちの目標で、それが省エネ住宅を広く日本で普及させていく重要なプロセスだと考えました。

　プランをご紹介します。重ね着する住まい、というコンセプトをそのまま表現して、平面のプランは**図4**のように3重構造となっています。中心に設備コアを持つ住宅で、その周りに居住ゾーン、その周囲をさらにNobi-Nobiゾーンと3重に取り囲みます。

表1　建物概要

建設地	東京都江東区東雲
階数	地上1階建て
主構造	鉄骨造
敷地面積	400 m²
建築面積	90.25 m²
延床面積	53.38 m²（Nobi-Nobiゾーンの温室部分は含まない）
最高高	5.3 m
天井高	2.7 m

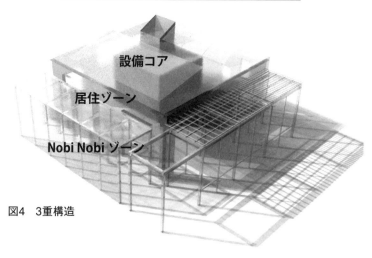

図4　3重構造

設備コア

　設備コアは、キッチンと浴室・トイレをまとめたもので、キッチンの扉を閉めるとボックスのような形をしています。ボックスの上部には換気設備・エアコンも設置しました。また屋根から床下までつながる、EPS（パイプスペース）があり、屋根面と建物西側に配した創エネ設備と、室内の各種設備を接続して、住まいに電気やお湯などを供給します。高い省エネ性能を備えた設備機器を、空間的にまとめてパッケージ化したZEHのコアでもあります。

表2　建設の工程

2014年1月	工程
8日	基礎工事：柱脚ベース設置
9日	鉄骨躯体工事：柱脚ベース取付/基礎鉄骨組み立て/1F柱建込/1F床ALC敷き/独立円柱取付/RF梁取付
10日	基礎工事：基礎鉄骨組立/躯体：RF ALC敷き/RF床目地詰め/仮設工事：足場設置
11日	開口フレーム工事/RFパラペット工事/ペントハウス工事/1F床断熱工事/柱脚取付/根太組み/アルミ支柱セット/内壁ALC金物/給排水工事/設備工事
12日	内壁ALC施工/防水工事/根太組み/床断熱工事
13日	内壁ALC施工/防水工事/根太組み/床断熱工事
14日	RF：ソーラー設備工事・架台工事/内装工事/開口サッシ工事・開口設備工事/設備コア下地フレーム/外装：断熱工事/ウッドデッキ根太組み
15日	真空管パネル工事・架台工事/開口ガラス工事/内装：木工事、ブラインドボックス、照明ボックス/設備コア：電設工事/外装：下地/ウッドデッキ/外装：断熱工事
16日	ペントハウス・光ダクト工事/外装：スパンドレル工事/スロープ/内装：天井下地工事
17日	ペントハウス・ガラス工事/足場解体/設備土間工事/外装：シーリング/スクリーン制御ボックス、配線/コアALC建て込み（浴室）/天井下地/シート貼り/デッキ
18日	ソーラー設備工事/デッキ温室部分：アルミルーバー、波板取付、サッシ工事/照明工事/床暖房パネル工事/デッキ敷き・気密工事
19日	タイル目地詰め/温室/設備工事/建具工事/家具工事/床タイル工事
20日	スクリーン本体取付/電気設備工事/設備工事/建具工事/家具工事/クリーニング
21日	置き家具/HEMS設定

居住ゾーン

　居住ゾーンは、高性能な外壁と開放的な窓に囲まれた、リビング、ダイニング、寝室で構成された、暮らしの中心です。外壁は、高性能な断熱材（フェノール系樹脂素材）を外側に用いた外断熱とし、またALCパネル（Autoclaved Lightweight aerated Concrete ／高温高圧蒸気養生された軽量気泡コンクリートパネル）を内壁としてとして（**図5**）使用する試みを行いました。これによって熱容量の高い、暖かさや涼しさを保つことができる家ができました。ZEHでは、このように建物の外皮を高性能化することが重要で、エネルギーロスが少なく温度の変化が緩やかな、快適な室内環境になります。また、機能性の高い窓ガラスやサッシ、ブラインド、自然換気窓を組み合わせ、統合化したシステムとしてデザインしました。それでもきびしい季節には、設備コアから供給される電気やお湯などを利用して、居住ゾーンは少ないエネルギーでも健康で快適に室内を調整することができます。

図5　内観　©Takeshi YAMAGISHI

Nobi-Nobiゾーン

　Nobi-Nobiゾーンは、無空調の建物を取り囲む屋外デッキ空間です（**図6**）。日本やアジアの各地域でこの家を建てることを考え、フレームを敷設しました。それぞれの季節・気候に合わせて住まい手自身が暮らしの中で自由に環境調整を行うことができる手がかりとなります。例えば、寒い地域では、ガラスやポリカーボネートなどで作った温室を設置することで太陽の光で温めることができます（**図7**）。反対に、暑い季節や土地には屋根を掛け、すだれやよしず、カーテンを使って日射を遮りながら風を取り込んで、建物周囲の気候の変動をやわらげるパッシブな緩衝空間としての役割があります。さらに、この半屋外と居住ゾーンの室内を連続的に利用できるように計画し、住む人がのびのび過せるように、アクティビティを拡張する役割を持っています（**図8**）。

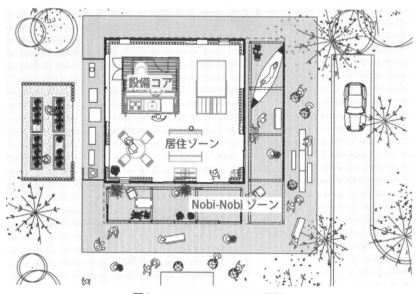

図6　Nobi-Nobi HOUSE 平面

図7 Nobi-Nobi ゾーンの温室 ©Takeshi YAMAGISHI

図8 外観写真 ©Takeshi YAMAGISHI

3. ZEH設計フロー

　Nobi-NobiハウスのZEH設計のプロセスをご紹介します。ZEHではアクティブな手法とパッシブな手法を用いるために、次のような検討を行いました（**図9**）。

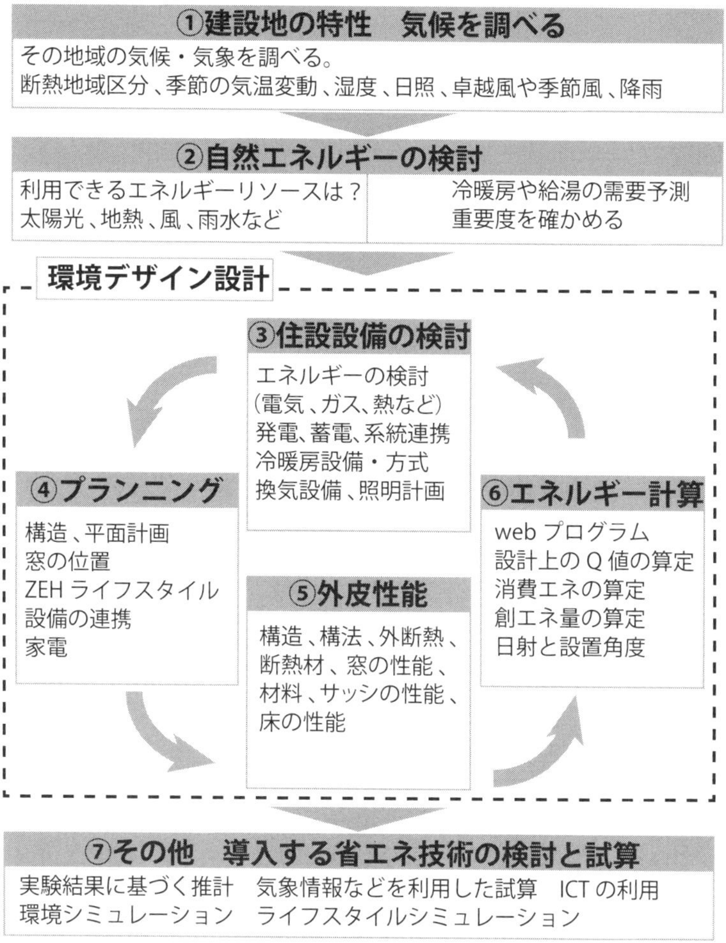

①建設地の特性　気候を調べる
その地域の気候・気象を調べる。
断熱地域区分、季節の気温変動、湿度、日照、卓越風や季節風、降雨

②自然エネルギーの検討
利用できるエネルギーリソースは？ 太陽光、地熱、風、雨水など	冷暖房や給湯の需要予測 重要度を確かめる

環境デザイン設計

③住設設備の検討
エネルギーの検討
（電気、ガス、熱など）
発電、蓄電、系統連携
冷暖房設備・方式
換気設備、照明計画

④プランニング
構造、平面計画
窓の位置
ZEH ライフスタイル
設備の連携
家電

⑤外皮性能
構造、構法、外断熱、
断熱材、窓の性能、
材料、サッシの性能、
床の性能

⑥エネルギー計算
web プログラム
設計上の Q 値の算定
消費エネの算定
創エネ量の算定
日射と設置角度

⑦その他　導入する省エネ技術の検討と試算
実験結果に基づく推計　気象情報などを利用した試算　ICT の利用
環境シミュレーション　ライフスタイルシミュレーション

図9　ZEH設計フロー

① **建設地の気候・気象を調べる**

　住宅では冷暖房エネルギーが大きいため、建設する地域の気象条件に合わせて対策を考えることになります。断熱、窓の向きなどのほか、効率の高い設備機器の導入の検討が行われますが、それを決めるために重要なのは建設地の気候・気象です。そこで、建設地について、気象庁などの出している統計データなどを詳しく見ていきます。建設地の東京と、移築後の静岡は、どちらも省エネの地域区分Ⅱの温暖な地域ですが、夏は28℃を超え、冬は20℃以下になることから冷暖房両方の設備が必要です。年間の消費エネルギーを減らすためには冷暖房にエネルギーをかける期間が短いほど有利といえます。そのため、中間期についての提案として自然換気を考え、風力・風向きなどを考慮することで快適性を高めることができると、卓越風の方向の確認も行いました。日射の季節変動から、パッシブな方法で寒い季節に室内に取り込み、暑い時には遮蔽を行うことを考え、建設敷地の方位、太陽高度などの情報を集めます。

気象庁：http://www.jma.go.jp/jma/menu/menureport.html

② **自然エネルギーの利用**

　自然エネルギーを利用した創エネによってZEHを達成するためには、その場所・地域で利用できる自然エネルギーリソースは何かを考えます。地域の日照が十分で、天候に恵まれる地域ならば太陽光発電が有利でしょう。日射の情報から太陽光発電パネルというアクティブな設備を使ったり、太陽熱集熱器の設置を行うことで、住まいての生活パターンからみて有利かどうかの判断を行うこともできます。他にも、地熱などが利用できないか、また雨水の利用など、地域に応じた自然エネルギーの利用について検討します。今回は、仮設展示であることから基礎工事は行なえないため、地熱などのシステムの検討は行わず、太陽光の利用を中心に設計を進めることになりました。

③ 住設設備の検討

住宅内の建築設備には冷暖房設備、換気設備、給湯設備などがあり、電気やガスなどを利用して生活を支え快適性を生み出します。それぞれについて、②で検討した利用可能なエネルギーとの組み合わせと、容量の検討を行いました。例えば、冷暖房の設備に太陽熱を利用した放射冷暖房の仕組みを利用することができれば、少ないエネルギーで、快適性を得ることができるでしょう。Nobi-Nobi HOUSEでは、冬の太陽熱を利用して給湯や床暖房に使用するシステムを提案しました。また夏には、同じ太陽熱を利用した高温度のお湯を使って、冷水を創り出す創エネ設備(エジェクター式冷凍機)との組み合わせにより、放射冷房の提案を行っています(**図10**)。

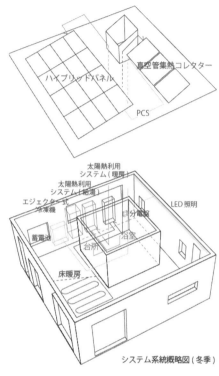

図10　システム系統概略図

④ プランニングと構造の検討

構造、プランニングは、③住設設備や⑤外皮性能の検討と並行して行われます。外皮性能を高める構造、住宅の外周部の熱処理と暮らし方に関わるプランニングは、ZEHのエネルギー消費量に大きく影響を与えます。Nobi-Nobi HOUSEの例では、2－2でも述べましたが、鉄骨造を選択し旭化成ホームズの保有するシステムを利用することにしました。そこで普及していた構造は、鉄骨造に外壁材としてALCが利用されているものでした。しかし、

ZEHを達成するため外断熱での設計としました。プランの工夫では構造的な検討とともに、窓の方位・位置と大きさによって熱取得や熱放出をコントロールできるように考え、コアの壁もALCを用いて南の大きな窓から冬の日射を取り込んで蓄熱するようにしました。

とくに季節ごとの設備の使用・稼働と、プランニング、生活想定を行うことが必要です。

⑤ 外皮性能の向上

④でも述べたとおり、壁や窓、床、屋根といった建物の外皮部分の性能を高めるために、材料の選定が重要と言えます。壁部分は断熱材と材料の蓄熱性能などを確かめます。

また、窓まわりでは、窓ガラスも遮熱性能などの機能を面で選ぶことができます。窓サッシは気密性が重要ですが、加えて熱が逃げることを防ぐ素材（樹脂サッシ）や、冷放射を減らす納まり（サッシの見附部分を小さくする）など、耐候性、耐久性とのバランスを考えます。Nobi-Nobi HOUSEでは、壁のALCを内装材として鉄骨よりも内側に用いて蓄熱性を期待しています。壁、基礎、床、屋根ともにフェノール系の断熱材を使用し、外断熱構造としました。とくに、柱や床、基礎部分の梁や柱など鉄骨部分から熱が逃げる熱橋を防ぐ納まりの検討が重要になります。

⑥ 省エネルギー計算

このように、①〜⑤の計画を進める中で、コストと省エネ効果についていくつかの案を比較する必要があるでしょう。複数のアイデアについて、省エネルギーと創エネルギーがどの程度になるかを年間で運用する場合の試算をします。それにはWebプログラム[注]を使用しました。建築面積、構造や外皮の性能、導入する設備機器などを、選択式で入力することで、どの程度のエネルギー消費となるかが算出されます。設計上のQ値も算出でき便利です。このプログラムには、現在普及している非常に多数の省エネ技術が準備され

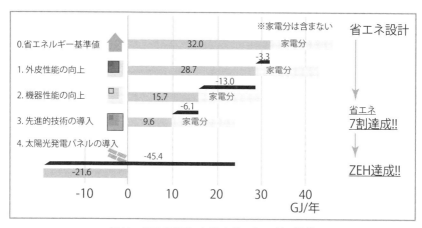

図11　ZEH計画における省エネルギー計算

ており、それらの多くの導入結果に基づいた推計値が示されます。この値を比較しながら、設備などを導入した場合の試算・検討が可能となります。

設計段階で上記プログラムを用いたところ、Nobi-Nobi HOUSEでは、省エネルギー基準値32.0GJに対し、外皮性能と導入機器の選択により15.7GJと推定され、加えて太陽光発電パネルによる21.6GJが見込まれていました。Q値は、1.56W/(m^2·K)（断熱ブラインド全閉）と算出されました（**図11**）。

注：Webプログラムとは、国立研究開発法人建築研究所が開発・公開している「エネルギー消費性能計算プログラム（住宅版）」および「住宅・住戸の外皮性能の計算プログラム」である。
Webプログラム：http://www.kenken.go.jp/becc/

⑦ その他の技術による省エネ試算

今回の住宅には、Webプログラムによって試算される多くの省エネ設備を導入しました。しかしさらに先端的な技術提案が必要と考え、さまざまなアイデアを盛り込みました。その中には、Webプログラムに含まれていない技術もありました。そういった場合たとえば実験結果などに基づいて、省エネの効果を試算したり、あるいは、シミュレーションを行ったりします。

Webプログラムの結果をベースとして、そこから更に工夫によって、どの程度の省エネが見込めるか算出して検討します。

各季節（冬、夏、中間期）に対応したそれぞれの省エネのシステムは、次のように考えました（**図12**）。

冬

住まいのエネルギー消費を抑えるために、冬の暖房・給湯エネルギーを減らすことが重要です。まずは、外断熱と、窓からの熱のロスを減らすよう外皮性能を向上させています。昼間は、暖かい日射が入るように南側の窓を使います。窓は、居住性を高めるために重要ですが、陽が落ちてから夜の間には窓から熱が逃げないように断熱ブラインドを使って、外皮性能をより高めています。

暖房設備には、効率のよいエアコン1台と床暖房を設置しました。床暖房には、屋根面に設置した太陽熱集熱システムによって高温水を作り、それを潜熱回収型ガス給湯器付きの貯湯槽に貯めています。曇天日など集熱量が足りない日は追い焚きをします。エアコンか床暖房、どちらか一つを使用すれば快適な温熱環境が保てることが、後の計測でわかりました。また、換気には全熱交換換気システムを使用し、暖めた室温をロスしないようにしています。また、南側のNobi-Nobiゾーンは、ポリカーボネートを用いて、透明な素材の敷設温室を作りました。1月の東京でも、昼間に太陽がでていると40℃を超えるほど暖かくなっていました。

中間期

冷暖房を使用しない、いい日（中間期）が長くなれば省エネになります。夏の終わりなど、日中はまだ暑くてエアコンが必要でも朝夕は外が涼しくなります。そこで換気のシステムに工夫をして、気持ちのよい時間の外気を取り入れるようにします。自然換気窓は、開閉には風力が用いられて、防犯上

も夜の外気導入も安心です。夜だけ、住む人が手動で開閉して利用することもできますし、w-HEMSを用いて自然換気窓とエアコンなどを連携して自動で快適な室温を保ちながら、省エネにすることもできます。エアコンが不要な気候になったら、自然換気窓で換気し、それで換気が不十分な場合は、熱交換せずに第三種換気を選択できるようにしてあります。

夏

　夏も冷房を逃さないために断熱性能が高いほうが有利ですが、窓からの日射熱が入るので上手に防ぐ必要があります。日射が差し込む時間には、日射遮蔽ブラインドを使います。冷房には、エアコン1台および放射冷房システムを設置してあります。屋根面に設置した太陽熱集熱システムによってつくられる高温水は、冬には床暖房に利用しますが、夏にはこの高温水を利用して、エジェクター式冷凍機で冷水（17℃程度まで冷却可能）を生成しこれを放射冷房に利用する計画を提案しました。東雲の展示場においては、実機の展示を行いましたが、アジアの蒸暑地域では冷房需要がみこまれており、太陽熱を自然エネルギーとして豊富に利用できることから、電化一辺倒でなく熱そのものの利用が省エネに有効だと考えました。多湿地域では放射冷房は、水温や結露対策などの工夫が必要でありますが、エジェクター式冷凍機は維持管理が簡便なことから、日本の夏季やアジアの蒸暑地域へ展開には有効ではないかと考えました。

年間を通じて

　給湯には1年を通じて、屋根面のハイブリッドパネルで回収したお湯を貯湯槽に貯めてこれを利用します。貯湯槽は、潜熱回収型ガス給湯器付きのものを使用して、熱量が不足している場合にはガスを使います。太陽熱を使う分だけ、ガスの使用量を減らすことができます。

　また、トップライトから自然光を導入し、コアの中の照明に使用しています。

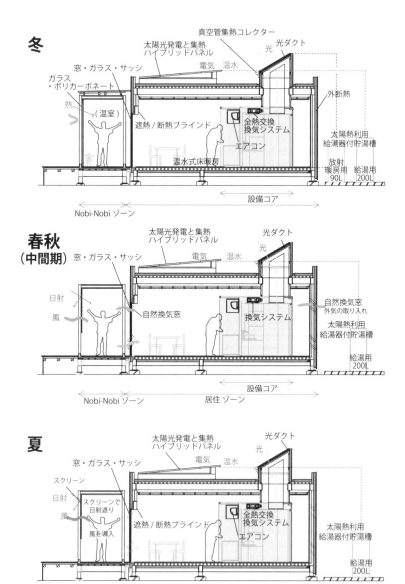

図12 移築・実験における各季節の仕様

4. 設備技術・素材とZEHのデザイン

Nobi-Nobi HOUSEに導入した、設備技術と素材について紹介します（**表3**）。

表3 各部材構成および性能値

	構成	熱貫流率 [W/(m²·K)]
屋根	PF 100mm + ALC 75mm	0.180
外壁	鋼板スパンドレル + ALC 100mm + PF 100mm	0.172
床	ALC 100mm + PF 100mm + 合板下地 20mm	0.169
窓	アルミサッシ + Low-e複層ガラス（Low-e6+Ar16+FL6 mm）	1.33（ガラス単体・西面のみ1.14） 1.97（全体）
自然換気窓	アルミパネル	3.31
ブラインド	日射遮蔽ブラインド	6.37
	断熱ブラインド	2.58

太陽光ハイブリッドパネルと太陽熱利用システム

太陽光ハイブリッドパネルとは、太陽から電気をつくる太陽光発電パネルの裏面に、ヒートパイプを備えて太陽の熱も一緒に回収する技術を融合したものです（**図13**）。1枚の設置で電気と熱（お湯）が得られますので、屋根面が効率的に利用でき、太陽エネルギーの有効活用は電気約13%、熱38%

図13 太陽光ハイブリッドパネル ©Takeshi YAMAGISHI

で合計50% 以上ということになります。今回のパネル設置面積は20.48m^{2}と控えめですが、発電量は定格で3.28kWになりました。このハイブリッドパネルで昼間に集めた熱は、お湯となり貯湯槽にためて、給湯や放射暖房（床暖房など）に利用します。お湯の温度が足りない場合だけガス給湯器（潜熱回収型）で追い炊きするので、冷たい水道水から同じ温度になるまでガスで沸かすのと比べて、ガス消費が抑えられるのです。太陽熱の利用は日本だけでなく、アジアの常暑地域の給湯需要にも有効でしょう。

蓄電池

太陽光発電とともに蓄電池を導入しました。自然エネルギーによる発電は発電量が一定でないので、蓄電池を利用すると、例えば発電量の多い昼間に蓄電し、在宅している夜に使うことができます。また、エネルギーのライフラインが途絶えたときの災害対策としても有効だと考えました。

床の放射冷暖房

床面下にお湯や冷水を流して、冷暖房を行う放射冷暖房システムを導入しました。冬季には室内の上下温度差が小さく、頭寒足熱の快適な床暖房を行います。また夏季には日射があたって温度上昇する床面の放熱を緩和し、室

図14　真空管太陽熱コレクター　©Takeshi YAMAGISHI

温上昇を抑える床冷房を行います。靴を脱ぐ習慣のある日本やアジアでは、床と直接触れる機会も多く、床面温度は快適性に大きく関わるのではないでしょうか。

エジェクター式冷凍機と真空管太陽熱コレクター

　エジェクター式冷凍機は、高温水を使って冷水を得るシステムです。屋根に設置した真空管太陽熱コレクター（**図14**）は、平板型と比較して集熱効率が高く、太陽エネルギーの有効利用は60％以上です。これによって得られた高温水を使って冷水を生成することができます。夏季は高温水が集熱しやすく、それを冷水に変換して放射冷房に使用すれば、電力の削減に有効であると考えられます。アジアには日照時間が長く、年間を通して冷房の必要な地域がありますが、そういった地域で電気を介さないエネルギーの冷房利用は、非常に有用な技術といえるでしょう。

全熱交換換気システム

　換気は室内の空気と屋外の空気が入れ替わります。室内空気とともに、せっかく暖房や冷房した熱が屋外に捨てられるので、その排気の熱と、導入する新鮮な給気の間で熱交換を行って、熱の再利用する省エネ型の換気システムを設置しました。高効率の全熱交換換気システムの導入で、夏と冬の冷暖房を行っている間も換気をおこなって健康な住まいを省エネで実現できました（**図15**）。

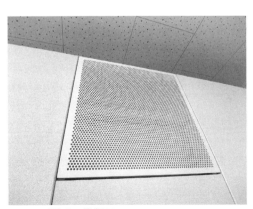

図15　換気口　©Takeshi YAMAGISHI

窓と自然換気窓、サッシ、ブラインド

　窓には、U値1.3W/(m^2・K)を満たす高断熱ガラスを用い、複層ガラスとしました。また、サッシの熱損失を抑えるには樹脂サッシなども有効と言われています。Nobi-Nobi HOUSEでは樹脂サッシは用いませんでしたが、気密性、耐候性、遮音性、防犯性の面ですぐれたアルミサッシで、見附面積が小さくデザインされたものを採用し、木製カバーをデザインして室内側への放射を防いでいます。高断熱・高気密ながら、高いデザイン性を有した開口面積の大きい開放的な室内ができました。季節によって日射を取り入れたり、遮蔽したりすることで、快適でパッシブなコントロールが可能な、2種類のブラインドを取り付けています。一つは、外側にアルミを蒸着した布製の日射遮蔽ブラインドで、日射をよく遮りながらも窓の景色が少し見えるもので夏に利用します。もう一つは、立体的なハニカム構造を持った布製の断熱ブラインドで、冬や夜などに冷暖房のロスを防ぐことができます（**図16**）。

　冷暖房を行わない季節は、窓をあけ外気を導入できれば換気に必要なエネルギーを減らすことができます。窓を開けると気分もいいですが、防犯や、

図16　窓まわり　©Takeshi YAMAGISHI

雨風、外気温と室内の温度差など開け閉めの判断はちょっと大変です。そこで、自分で開け閉めするガラスの大きな窓とは別に「自然換気窓」を導入しました。「自然換気窓」はアルミ製で床から天井までの縦長のもので、一見すると窓には見えないのですが、上部と下部に開閉部があります。無風時に少しだけ回転して開くように設計されています。横から見ると、やじろべいの原理で、この開閉部の蓋は風が吹くとグラグラと動きます。無風時は上下温度差による重力換気が行われ、上部から暖かい空気が排出され、下部から新鮮な空気が取り入れられます。自然換気窓は住宅の南と北の壁に、ちょうど部屋の対角になるように設置しました。わずか1m/s前後のそよ風で開閉します。

　自然換気窓とブラインドは、それぞれ手動のボタンで開閉できますが、ECHONET Liteなど幾つかの通信プロトコルの仕組みに対応した製品であるため、共通のシステムで制御することができます。そこで、気温センサーや日射センサーなどから得た情報と、ICTで結ぶことで連携して開閉するプログラムをつくることができました。住み手のライフスタイルに応じて、良い季節を長く楽しむのに最適なプログラムを利用することで、より省エネになることがわかっています。

光ダクト

　光ダクトは、屋根面から取り入れた太陽光をダクトによって建物の内部、窓から遠い部分まで導く仕組みです。ダクトの内側のアルミ材の反射率を高くすることで太陽光がそのまま届き照明のエネルギーを減らします。Nobi-Nobi HOUSEでは、設備コアの内側空間には外部に面した窓が取れませんが、光ダクトを用いて昼間の明るさを確保し、照明の使用を減らす計画です。今回の住宅は平屋なので、トップライト（屋根面の窓）と同じ効果ですが、この住戸が上に積み重なった集合住宅を想定したときに、住宅中央部のコアを通じて、下階にも自然光を取り入れることができます。光の拡散をコントロールする最新の技術で、木漏れ日のようなデザイン性の高い光を導入し、森の

図17　光ダクト ©Takeshi YAMAGISHI

中でお風呂に入るような、開放感あふれる空間ができました（**図17**）。

鉄骨、ALC、断熱材

　耐震性・耐候性の高い鉄骨造の住宅でのZEHに取り組み、外断熱の構造、納まりを検討しました。断熱材にはフェノール系の高性能な断熱材を用いることで厚みを100mm程度としました。鉄骨部の熱橋を避けるための断面を検討し、とくに、屋根や床下などについては、断熱材の施工方法についても現場で検討していただきました。断熱材が運ばれてきたときの、あまりの量の多さに、みんな驚きました（**図18**）。

デッキゾーンのアルミニウムの架構

　デッキゾーンには架構を設けることによって、暮らしの中で、自ら季節に応じて環境調整を行えるようなプランを考えました。室内空間と、この半屋外空間が連続的に利用できるようにプランニングしましたが、構造的には建物躯体とは縁をきっていて風土・気候によりさまざまな素材・構法を用いることができるように提案しました。日本の東雲での展示でどういった架構が

良いか、いくつも案が考えられましたが、夏と冬を展示して見せるために、温室を製作することとし、それに十分な耐風力などの検討を先行して行っていた実績からアルミニウム架構を採用することにしました（**図19**）。

図18　断熱材

図19　アルミ架構 ©Takeshi YAMAGISHI

5. ZEHの暮らし方

暮らす人の省エネ行動を促すNobi-Nobiゾーン

　Nobi-Nobiゾーンのアルミフレームには、今回はポリカーボネートの屋根を掛けました。南側はポリカーボネートで温室をつくりましたが、この温室にも東側にもエアコンなどの空調設備は設置していません。建物の外周にデッキ空間を設けて、住む人が気候や気象に応じて日除けのすだれや、風を除ける戸などを自由に設置して可変的に利用しやすいように、わざわざフレームを設計しました（図20）。住む人自身が環境を調整して、気候の良い日には、居住ゾーンと一体として利用できる平面配置とし、大きな窓やドアで繋げてインテリア化を図っています（図21）。住まい手がアクティビティを拡張し、省エネの暮らしを楽しめるような設えとしました。このデッキは洗濯物を干したり、バーベキューをしたり、ガーデニングをしたり、子どもの遊び場となったりもするでしょう（図22）。

　設備はコア化し、日本の省エネ技術をパッケージとして普及させることを目指しました。一方、デッキ部分のNobi-Nobiゾーンは、今回建設したものをそのまま、普及させるつもりではありません。アジアへの展開では、屋外空間を構成するデッキやフレームの資材、および環境調整のための素材は、それぞれの文化や気候に応じて、地場の建築材料や工法を用いることを提案

図20　夏にはすだれで日射をやわらげる

図21　半屋外空間の家具

図22　デッキ（東側）と温室（南側）のくらし

しています。エネマネハウス2014では日本・東雲用に考えて構成材料として、アルミニウム架構やピンクのガリバリウム鋼板を用いました。そして東側は夏向けに、DIYで作ったスクリーンをアルミフレームから下げたり、ハンモックを吊っています。南側のフレームは、日本の冬向けの温室仕様を再現・展示してみました。温室は、アルミフレーム架構にポリカーボネートの窓、扉を設置し、日差しを取り入れ雨風を防ぎます。

　アジアやその他の土地へ展開する際には、それぞれの地域の持つ建設文化（地場の素材や構法）を取り入れ、そこでの生活様式や地域のつながり方を継承することができるような、システムとしての建築計画を考えました。

アジアのスマートシティにおけるZEH

　日本の蒸し暑い夏への技術が普及できる先として、アジアの蒸暑地域を想定し、Nobi-Nobi HOUSEのようなZEHの普及とスマートシティについて考えてみます。

　アジアは経済発展にともない都市化が進んでおり、新しく求められる住ま

いには高密度化の方向と、家庭部門の電力消費が急速に伸びてくることが予想されます。そこで1戸のZEHの設計にとどまらず、複数のZEHが集まってできる地域や都市について考える必要があります。Nobi-Nobi HOUSEは外周にデッキがあり、複数戸があつまれば半屋外空間を連続させて地域をつくることができます。これは、アジアのロングハウスなどをイメージさせます。ロングハウスのように、ゆるやかにつながってきた地域性に合わせて、複数人、複数戸でコアの機能を共有・集約化できれば省エネの可能性も広がり、新たなアジアのスマートシティ化が展開できるでしょう（**図23**）。

マレーシア伝統のロングハウスには、共有廊下空間がある。日常生活から儀式まで、幅広い用途で使用されている。
Nobi-Nobi HOUSEは集合化できる。配置や積層方法は地域の文化に合わせ、Nobi-Nobi ゾーンを各居住者が緩やかに仕切りプライベートゾーンとして使用できるほか、伝統文化にならって共有空間を広く取りながら、次世代の集合住宅の姿を形成する。

図23　ロングハウスとして展開する

第2章　Nobi-Nobi HOUSE

　また、鉄骨造であることから積み上げて中高層化することもできます。コアが縦につながるように考えると、集合住宅のプランニングが容易であることも特徴です。中高層化した場合には、デッキゾーンは空中のバルコニーになり、低層部に軒を連ねたショップをつくることができます。アジアの伝統的な街並みには、ショップハウスという形態がありますので、とてもなじみの良い街の構成要素になるといえます。外周部を伝統的な構法で計画することで景観にもなじみやすいプランといえるでしょう（**図24**）。

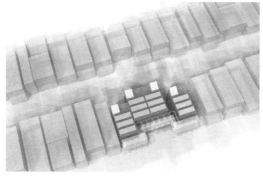

カンボジアには、商と住が融合した空間が積層されたショップハウスが多くある。近隣住民と買い物のために訪れた人々の交流が盛んにおこなわれる空間の特質を保持しながら、Nobi-Nobi ゾーンの連結や設備コアのシェアを行う仕組みを導入することで、既存の都市の在り方に、次世代への応用価値を付加できる。

図24　ショップハウスとして展開する

6. ICTを利用したスマートなZEHでの暮らし方

　このように、ZEHには創エネや省エネの工夫がたっぷりなされていますが、一方で、住み手が無自覚にエネルギーを使う暮らしをしては意味がありません。住まいのエネルギーは、冷暖房、給湯、調理、家電など、結局は、人の生活のために使われるものであるからです。住み手が省エネ行動をとるか、取らないかで、大きく消費エネルギーの総量が変わります。建物や都市、機器などハード面での省エネだけでなく、住まい手の行動による影響は合わせると大きなものです。多くの人が省エネ行動を行うように、行動変容を促すことができれば、省エネ設備を導入したのと同等に、エネルギー消費を抑えることができる可能性があると世界でも注目されています。同じ快適性で生活をしたとしたら、ZEHのようにエネルギーに配慮された家は、従来の家にくらべ少ないエネルギーですむよう工夫されているわけですが、断熱性が極めて高いなどZEHならではの特徴もあります。ZEHでスマートな暮らしを楽しむための、「省エネ行動」を促す提案の3つを紹介します。

HEMS (Home Energy Management System) の導入

　1つ目は、ZEHで注目されているHEMSの導入です（**図25**）。「省エネ行動」というのがどういったものかよくわからないという人も多いでしょう。「節約行動」なら、とにかく支出額が減るように行動すればよいので、お財布をみていればわかりますが、エネルギーは使った量がよくわかりません。待機電力のようにうっかり使っていることもあります。また省エネだと思ってやっていた行動が実際はそうでもない、ということもあります。例えば、夏に、省エネだと思って、エアコンの冷房を我慢して除湿モードを利用してしていたら、除湿モードの方が冷房するよりもかえって電気代が高かった、といった話があります。エネルギーの使用状況は直接目に見えないため、請求書と一緒に使用量が1か月後に送られてきても、どういった行動がエネルギーを使うことにつながるかが分かりにくい側面がありました。

第2章　Nobi-Nobi HOUSE

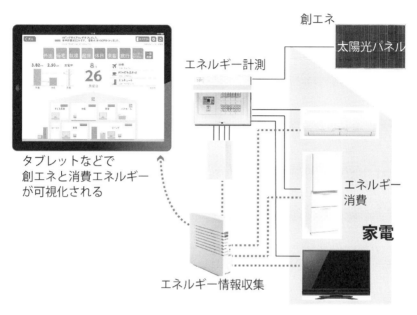

図25　HEMS（Home Energy Management System）

　そこで今、住まいで使っているエネルギーの消費（発電）の情報を集め、実態を知り制御を行うための仕組みがHEMSです。自宅の中で使用している家電製品や冷暖房、厨房、お風呂の給湯などの、電気消費量、ガス消費量のデータを一括して集めることができます。また、太陽光パネルなど発電量の情報も、時々刻々集めます。これらのデータを「見える化」し比較することで、どこにエネルギーの無駄があるか、またどのように行動すれば省エネになるかを知ることができます。現在、発売されているHEMSの情報はテレビ画面やモニタなどに表示され、発電や消費を数字として比較できるため、「消費が多いので不要な家電製品のスイッチを切ろう」とか、「発電が多いお昼の時間に充電をしておこう」とか、「発電中に洗濯をしておこう」、といった省エネ行動を促します。さらに、「このままのペースで使うと1か月でどのくらい消費するか」といった見込みを金額に換算してアドバイスを行い、よ

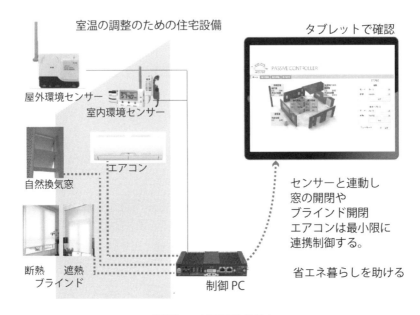

図26　w-HEMSシステム

り積極的な省エネ行動を促す仕掛けなどもあります。HEMSは現在、多くのZEHに取り入れられ、将来、地域の電力網（スマートグリッド）のエネルギー需給の状況と連動して、地域と個々の家庭の双方でスマートにエネルギーを利用するような活用が期待されています。

新しいマネジメントシステムを開発・提案

　２つ目に、Nobi-Nobi HOUSEではこの家電のHEMSのとは別に、冷暖房にかかるエネルギーを総合的に減らして、快適なZEH暮らしを楽しむための、新しいマネジメントシステムを開発・提案しました。早稲田チームの提案したHEMSということでw-HEMSと名付けました（**図26**）。

　これは、屋外の気象データを使って住設機器（ブラインドやカーテン、窓）の開閉を自動で行ってくれます。エアコンなどの冷暖房機器とも連動することで、快適な状態を保ちながら、省エネになるように連携して制御する、新

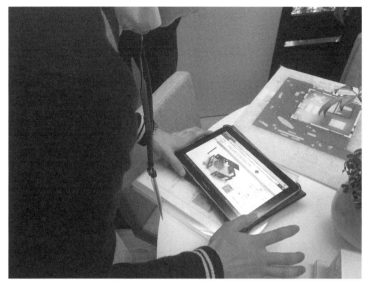

図27　w-HEMSの操作

しいHEMSです（**図27**）。

　日射の取り込みや窓開けなど、パッシブな方法は、エネルギーがかからず省エネにとても効果的で気持ちのよいものですが、実際には頻繁に行われないかもしれません。外部環境の状況を知る必要があること、どの窓やブラインドをいつ開閉すれば一番よいのかを知るのは意外に難しく、またこまめに調整するのが面倒です。そこで、ZEHの屋外に取り付けたセンサーで気温、湿度、日射量や太陽高度といった気候データを収集し、エアコンの稼働状況などを加味して、住まいの住設機器がどのように開閉するともっともよいかを判定し制御します。もちろん、手動での開閉もでき、住む人が暮らしの中で気候を楽しむこともできますが、窓やブラインドの自動での開閉によって外の季節の変化に気づくこともできるのです。ZEHは高気密・高断熱という特徴を持つことから、窓やブラインドを閉めていると、季節や天気の変化に気付きにくいかもしれません。このw-HEMSのシステムは、とくに季節の変

図28 室内と、デッキ、温度の色の差を見る ©Takeshi YAMAGISHI

わり目の、しのぎやすい季節の省エネにとても有効です。夏の終わり、夜涼しくなってきたらエアコンを止めて、自然換気窓を開けてくれます。これによってエネルギーを使わずに、「いい日を長く」が実現できるのです。

新しい照明システム──環境・エネルギーの見せる化

　3つめに、環境・エネルギーを見せる化する、新しい照明システムを作りました。ZEHでは、屋外気候を感じにくく、また、エネルギーは見えないものです。人は、環境を感じ体感することで行動のきっかけとなり、豊かな暮らしにつながると考え、もっと生活環境の中で体感できるような仕組みが必要と考えました。

　そこで、屋外のデッキと室内の室温をセンサーで測り、その温度を有機EL照明の色として表示するようにしました。暖かい温度のときは、オレンジなど暖色に、寒い温度のときは、青などの寒色になり、直感的に今いる場

図29　見せる化照明の制作

所よりもむこうが暖かいか涼しいか、わかるようになりました。今は、スマホでもリアルタイムの気象情報が得られますが、わざわざ数字を見るよりも、生活のなかでの実感・体感できるような仕掛けです（**図28**）。

　有機EL照明は、LEDとならび省エネルギー性能が高く、大変美しい色合いが特徴の照明器具です。「温度の見せる化」照明は、室内外の気温センサー情報を入力値として、照明器具の色として表示します。また、「エネルギーの発電量や使用量の見せる化」照明は、エネルギー消費量、太陽光パネルでの発電量を入力値として、有機EL照明の光の点滅速度に置き換え、生活空間に馴染むデザインとしました。発電量が多いと、2つある照明の上の照明の点滅が早くなります。エネルギー消費が多いと、下の照明の点滅が早まります。これらを同時に見ていて、「ちょっと使いすぎかなぁ」とか、「今は発電が多いから使いどきだ」、とわかるという仕組みです。エネルギーを生命の鼓動にたとえ、Nobi-Nobi HOUSEのエネルギーの状態が感じられるように

しました。

　これらは、センサーからの入力を照明制御に用いるためにマイクロコンピューターを使って自作のプログラミングを行いました（**図29**）。

【参考文献】
半透明空間／重ね着する家　NASCA 古谷誠章　http://www.studio-nasca.com
（20170626 閲覧）
エネマネハウス 2014　https://sii.or.jp/house2014/　（20170626 閲覧）
エネマネハウス 2014　事業概要（詳細版）早稲田大学
https://sii.or.jp/house2014/file/detail05.pdf（20170626 閲覧）
エネマネハウス 2014　成果報告資料 早稲田大学
https://sii.or.jp/house2014/file/report06.pdf（20170626 閲覧）
エネマネハウス 2014　成果報告資料 エネマネハウス 2014 事務局
https://sii.or.jp/house2014/file/report01.pdf（20170626 閲覧）

第3章

移築後の季節ごとのエネルギー・環境実測

1. ZEHに住めば0になる…わけではない

　エネルギーゼロの家、ZEHでも住む人が大量にエネルギーを使ったら、もちろんゼロ・エネルギーにはなりません。では「ZEHの設計」とは具体的にはどのように作ればよいでしょうか。住み手のエネルギーの使い方はさまざまですが、設計では平均的な使い方の住み手を想定した、ZEHの定義が必要です。2014年のエネマネハウスに応募したときに、すでに米国や英国、欧州においては、それぞれの国・地域でZEHが定義され、その普及が本格的に進められていました。基本的な考え方は、住宅に設置した機器により自然エネルギーから創エネした発電量の年間総量の推計値から、暖房・給湯・その他定められたエネルギーの使用量（人数や生活スタイルを想定した推定値）を引いた差が、1年間のトータル収支でゼロまたはプラスになることです。

　なぜ1年間での収支をみるかというと、自然エネルギーは変動があるのが常だからです。例えば太陽光発電では、昼には日射量が多く夜には発電しませんし、夏の方が冬より日射時間が長いといったように、時間や季節によって発電量が変動します。一方、消費電力も生活の時間や天候などに影響を受けるので両者が不均衡になります。そのため、消費電力が多い時間には、今までと同じように電力会社から電気を買って使います。一方、電力自由化によって発電量が多い時間帯は電力会社に「売電」することができるようになったため、年間で見ると、この売電と買電のトータル収支を見てゼロ・エネルギーになればよいと考えます。

　ヨーロッパなどの寒く乾燥した地域では、冬のエネルギー対策が中心に提案されてきましたが、日本は夏と冬の暑さ・寒さへの対応が必要です。また、湿度と換気の問題もありました。お風呂文化があり、給湯の需要も高いという特徴もあります。「エネマネハウス2014」ではアジアへの展開がテーマとされたことから、アジア地域の気象条件を見てみたところ、大変寒い地域から蒸暑地域まで幅広くあり適合する技術も異なることがわかりました。日本で開発するZEH技術の中では、とくにヨーロッパにはない蒸暑い日本の夏の

> **コラム：日本のZEHの定義**
>
> 　日本では、経済産業省がZEH普及のため、2015年にわが国におけるZEHを次のように定義しました。「外皮の断熱性能等を大幅に向上させるとともに、高効率な設備システムの導入により、室内環境の質を維持しつつ大幅な省エネルギーを実現したうえで、再生可能エネルギーを導入することにより、年間の一次エネルギー消費量の収支がゼロとすることを目指した住宅」。この中で、『ZEH』と『Nearly ZEH』の2種類が定められました。それぞれについて、①強化外皮基準を満たした外皮性能、②再生可能エネルギーを除き、基準一次エネルギー消費量から20％以上の一次エネルギー消費量削減、③再生可能エネルギーの導入、④再生可能エネルギーを加えて、基準一次エネルギー消費量から一定以上の一次エネルギー消費量削減、の①～④のすべての定量的要件を満たすことが求められています。基準一次エネルギー消費量の対象は、冷暖房、換気、給湯、照明とされ、再生可能エネルギー量の対象は敷地内（オンサイト）のみとし、自家消費分に加え、売電分も含まれると定義されています。

対策を検討することで、アジア蒸暑地域への展開が可能になるのではないでしょうか。また、ZEH達成のため、アクティブな技術とパッシブな技術を組み合わせますが、四季が変化する中でそれぞれの季節で省エネを最大化するためには、連携や調整が重要だとわかってきました。つまり、人の生活や行動と、環境と住宅や機器などの関係についての研究開発がますます必要になるでしょう。

　ここでは、実際のエネマネハウス2014で設計したZEHの設計フロー、および、建設後に行われた計測競技、そして移築後に行った実験計測について紹介します。

　ZEHは計画案についてシミュレーションや推計によってゼロエナジーで快適性が保てるよう確認しながら設計していくわけですが、エネマネハウス2014では、実際に建てた家がその推計どおりに建設きたかどうかを大学対抗で競いました。計測競技では、エネルギーの発電・消費量のほかに、室内の環境が快適に保たれているかどうか計測し、点数化されるルールでした。

各大学は、リアルタイムに室内の環境計測やエネルギー計測の結果を見ながら、時々刻々と気象条件が変わるのにつれて室内環境が、どのように変化するかと固唾を飲んで見守っていました。予想と違ったデータが出た場合には、その原因を考え、どうやって環境調整をすればよいかと、さながらF1のピットインを待つチームのような気持ちで夜が明けるのを待っていました。

2. エネルギーと快適性で競う！

　エネマネハウス2014の測定競技には、実際に暮らしてZEHを実現する上で考えなくてはならない多くの内容が含まれています。一つは、快適性・健康性と暮らしの質を保つように生活できるか計測で確かめています。そのうえで、エネルギーバランスが取れているかを計測します。人が快適だと感じるには、室内が冬でも暖かいと感じるか、夏でも涼しいと感じるか、光、音についてなど適切な範囲があります。また健康性の面からは、居住者がいる間は一定の換気が保たれて空気がきれいか、元気に活動できるか、寒暖差が激しい部屋や時間帯がないかなどの観点で計測が行なわれました。そのほか、非常時に建物が安全であることはもちろん、非常時でもエネルギーの備えがあり、居住者の健康性が保てることなども日本のZEHに求められている役割といえるでしょう。

　「エネマネハウス2014」の計測競技は、次のようなものでした。

住民2名が室内にいることの模擬：
- 住人2人を想定した環境の負荷：人体2人が発する熱に相当する熱源（160W/hのミニパネルヒーターが置かれました）と、2人分の呼気などで発生する湿度に相当するもの（加湿器で110mL/hとなるように発湿

量を調整)、2人分の呼気から発するCO_2を、同一条件で各大学の作ったZEH住宅の室内にてガスボンベより発生させます。人が室内にいる生活を模擬するためなので、これらにかかるエネルギーはカウントしません。別電源としています。

生活の負荷を模擬：
- **生活の模擬**：一般的な家庭では、冷蔵庫やテレビといった家電などが使用されるため、競技では、それらは同一条件で模擬できる機械が設置されました。朝晩の所定の時間に入室し機器の調整（たとえば加湿器の水の補給など）が行われます。
- **エネルギー消費量の計測**：冷暖房（調湿を含む）、給湯、換気のエネルギー消費量（ガス・電気）を計測します。また、1日当たり200Lの出湯（大人2名相当）を行うというルールでした。調理やトイレ、お風呂などで使用されるお湯に相当しますが、1日1回、P.M.17:00に200Lのお湯を、浴槽内におかれたポリバケツに溜めて43℃であることを確認してから流します。
- **発電量の計測**：太陽光発電、燃料電池などによる発電量（Nobi-Nobi HOUSEのエネマネハウス時には導入されていない）を計測します。
- **室内の環境目標**：音環境（1回のみ）と、照度、室温・放射温度、湿度、CO_2濃度について継時的な計測が行われます。
- **得点化**：室内の環境目標の各項目について、人が快適に感じる規定範囲が提示されます。計測期間中は常時計測されて、その計測値が範囲を逸脱すると減点となります。ですので、規定内に保たれるよう、エアコンや、その他の設備機器をうまく設定して稼働したり、日射などパッシブな調整を取り入れるなど、さまざまな方法を試みました。当然、計測しているエネルギーのプラスマイナスを見ながら、なるべく創エネがプラス側、そして、省エネになるように調整するのが計測競技になります。

このように、2人が生活している室内環境をよいクオリティに保ちなが

表1 エネマネハウス2014評価項目・評価基準より測定の評価

Ⅱ 測定結果による評価	C エネルギー	C-1	エネルギー消費量	冷暖房(調湿含む)、換気、給湯のエネルギー消費量(電力、ガス)を測定(人体負荷として、2人分の発熱体を設置、給湯負荷として、1日200Lのお湯(平均43℃以上)を排出)	冷暖房、換気のエネルギー消費量は当該住宅の延床面積で除し、給湯のエネルギー消費量は全住宅の平均延床面積で除す エネルギー消費量が最も少ないチームを満点とし、当該チームを基準として得点率を設定
		C-2	発電量	太陽光発電、燃料電池等による発電量を測定	発電量が最も多いチームを満点とし、当該チームを基準として得点率を設定
		C-3	日負荷率	冷暖房(調湿含む)、換気、給湯の電力消費量を対象とし、1日の最大消費電力と平均消費電力を測定し、日負荷率を算出	日負荷率の平均値が最も大きいチームを満点とし、当該チームを基準として得点率を設定
	D 快適性・健康性	D-1	温熱環境(温度)	リビング、寝室、浴室・脱衣スペース・トイレの3部屋のグローブ温度を測定(人体負荷として、2人分の発熱体を設置)	前3日間の平均外気温より算出する基準温度と平均室温との差分により得点率を設定
		D-2	温熱環境(湿度)	リビング、寝室の2部屋の湿度を測定(人体負荷として、2人分の発湿体を設置)	平均湿度により得点率を設定
		D-3	空気環境(CO_2濃度)	リビング、寝室の2部屋のCO_2濃度を測定(人体負荷として、2人分のCO_2発生器を設置)	平均CO_2濃度により得点率を設定
		D-4	光環境(照度)	リビングの全天空日射量及び室内に入射する散乱日射量(放射照度)を測定	全天空日射量に対する室内に入射する散乱日射量の割合の平均値により得点率を設定
		D-5	音環境(音圧レベル)	リビング、寝室の2部屋を対象に、室内と屋外の音圧レベル差を測定(外部騒音として、騒音発生装置を設置)	内外音圧レベル差の平均値により得点率を設定

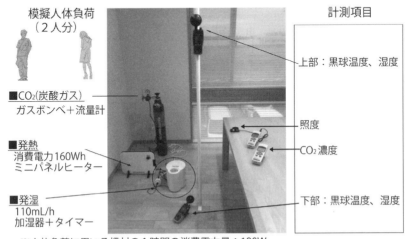

図1 計測の競技

ら、なるべく省エネルギーになるように努め、創エネルギー分から消費エネルギーを引いたものがゼロ（またはプラス）になるようにしたほうが、得点が高くなります（**表1、図1**）。

　エネマネハウス2014の全体の評価は、この計測結果に加えコンセプトやプレゼンテーションが考慮されました。またそれとは別に、一般来場者による人気投票なども行われました（**図2**）。

図2　一般公開の日　多数の来場者

3. エネマネ競技 ―冬の陣― 実況中継

計測競技は、前述したルールで住宅の省エネなどの性能を見るのが目的です。公式な建設完了時点から計測競技の開始まで、実は1日程度しかなく、十分な準備やテストを行う時間はどの大学にもありませんでした。そのため、設計・建設した私たちにも、ZEH設計がうまくいったのか、性能が発揮されるか、多くの設備がうまく動くのか、わからないことが多く残ったままでした。

いよいよ計測が始まると、その裏側では天気の行方をみながら、情報分析と対策検討が飛び交っていました（**図3**）。

図3　当日の天気

計測時の当初の作戦は次の通りです。

- **蓄熱**：少ない準備時間にNobi-Nobi HOUSEでは、競技中の室内環境が安定するように、なるべく部屋を暖めるようにしていました。ALCパネル（軽量気泡コンクリートパネル）を内側に配して蓄熱性能を高める計画でしたので、蓄熱性能の高い家は暖房を稼働開始してから適温になるまで時間がかかることと、初期に投入するエネルギーがかかることが予想されました。蓄熱が十分に行われていれば室温が安定し有利と考えました。
- **暖房**：床暖房ではなくエアコン1台のみで温熱の調整を行いました。規定で定められる適温範囲の温度に設定し、エアコンに備わった温度制御を利用しました。
- **換気**：24時間換気が必要と考え、冬の暖房期なので全熱交換システムを利用し、CO_2の上昇をおさえつつ熱のロスを減らしました。
- **照度**：今回の競技項目で照度の下限値の定めはなかったため、照明は使わ

ず日中は南側の窓のブラインドを開け、日射の取り入れで照度が逸脱しないようにしました。
- **熱取得**：大きな窓を利用し日中は日射で熱取得し、室内と南側の敷設温室を温める。部屋に日射が入らなくなったら断熱・遮熱ブラインドを下げて、窓からの熱の放出を抑えました。
- **家電**：今回の計測項目では各大学一律の負荷をかけたため、展示のために導入していた冷蔵庫やテレビなど不要のコンセントは抜いておきました。
- **発電**：太陽光発電を使って日射がある限り創エネし、宅内で使用する分以外は売電とし、発電がない時間は買電しました。
- **集熱**：太陽光発電パネルの裏面のヒートパイプによる集熱は、お湯として貯湯タンクにためて、給湯に使用しました。
- **自然換気窓**：冬場は使用せず日射取り込みにも使わないため、内側から断熱カバーをしました。

　いよいよ正午のスタート時刻となり学生らはNobi-Nobi HOUSEを出て、家は自動運転となりモニタリングに入りました（**図4**）。午後の日中、室温のデータとエネルギー消費のデータを見てみると、5大学ともきわめて少ないエネルギーで室温が適温にキープされていました。断熱・気密・暖房の省エネ化の技術はとても高いということでしょう。Nobi-Nobi HOUSEも精度の高い設計施工のおかげで、エネルギーロスはほとんどありませんでした。初日は天気がよく、南側からの日射取得のおかげで室温は暖かく保たれ、エアコンは多くの時間、待機モードでほとんどエネルギーを消費していませんでした。
　また、屋根の上では太陽光発電パネルが発電をしています。発電量は、パネルの効率、パネル面積、設置角度などに左右されます。Nobi-Nobi HOUSEのパネルは3.2kWと面積が少し控えめでした（最大3.5kWまで許されていた）。また、年間で最大効率になる角度での設計を目指したことことから、競技当日の冬の太陽高度に対して最大効率となる設置角度よりも穏やかだったのですが、十分な発電量が得られていたことから、パネルの効率が良かっ

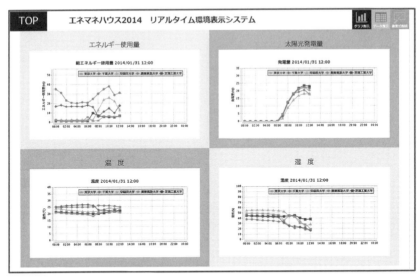

図4　測定結果のリアルタイム表示

たこともわかりました。

　夕方になり、日が落ちて日射による熱取得がなくなって、外気の気温が急激に下がってきました。太陽光発電量はゼロになり、一方、エアコンが稼働を始め、消費電力がかかるようになりました。エアコン1台で一軒の家全体が温められるのか少し心配に思っていましたが、1部屋つづきの間取りで、空気の流れを計算してあったことと、断熱・気密の高さから各部屋の温度計は快適温度内に十分おさまっています。他の大学も、気温の低下とともに消費エネルギー量が上昇していきます。

　夕方17:00はお風呂の出湯時刻です。競技の規定で30分間の間に担当学生が家に入り、浴室で43℃のお湯を200L出湯しました。昼間に太陽熱で集熱し貯湯タンクにお湯がたまっていますが、43℃に足りない分は、ガス給湯器によって追い炊きされる仕組みです。そのため、この時間にはガスの消費量がかかります。他の大学とガス消費量を比べようと思いますが、燃料電池を導入した大学とは一様に比較できません。燃料電池を導入していない大学

で、同じように太陽光パネルを設置してガスによる給湯を行っている大学もありました。Nobi-Nobi HOUSEはハイブリッドパネルを使用し、太陽熱も同時に集熱して給湯に使用していましたので、それで温められた分だけはガスの使用が少なかったです。比較してみるとおおむね、1～2割はガス消費量が抑えられていたようです。

　2日目の夜は、雨が降り始めました。湿度の低い冬でも、雨が降ると屋外の湿度は90%以上になります。室内の湿度は屋外の湿度に追随するため、室内の湿度の計測データのグラフはどんどん上昇していきました。湿度も快適範囲が定められていたので、湿度が上がり続けるのを見ながら、やきもきしていました。冬は乾燥する季節だということで、湿度が足りない場合の対策は考えていたのですが、除湿のための対策は行っていませんでした。ついに減点となってしまいました。

　エネマネハウス2014の事務局が、5大学の公式計測を行うために、さまざまな計測機器を設置していました。また自分たちでもモニタリングするための機器を、同時に設置しました。エネルギーの計測には、分電盤にクランプという器具を取り付けます。それぞれの電気系統ごとに取り付けることになるため、分電盤の扉が、閉まらなくなるほどでした。これらは競技で計測を行うために取り付けたものなので、本来不要なものですが、ZEHでは多くの電気的制御を行うので通常よりEPSが大きい必要があります。

　また、新しい試みとして連携制御を行ないましたが、連携させるための電力も必要な場合があります。例えば、PCで制御を行うためにはそれに電力がかかったり、センサーなどが定期的にデータを集めたり信号を待つ待機電力が必要なケースもあります。屋根面での集熱には、温水を回収するためにポンプ動力が必要になったりします。このように、制御によって省エネになる分と、新たにに制御にかかるエネルギーを天秤にかける必要がありそうです。

4. 移築と4季節の計測結果

　エネマネハウス2014競技では、冬の4日間の計測が行われました。終了後に解体移築して、年間のZEHの性能を確かめるために計測を行いました。移築後に、熱損失係数Q値の実測を行ったところ、計画値より少し悪い値となりました（**表2、図5**）。実は移築のために解体し、再建設したため、気密性や断熱性能が少し落ちてしまったようです。体感でも移築の前後で少し性能が落ちてしまった感じがしました。

　次に、各季節のある1日の計測結果を見てみましょう。

表2　熱損失係数Q値（実測は、松尾の盧波法による）

熱損失係数Q値 （計画値）	1.56 [W/(m²・K)]（断熱ブラインド全閉）
熱損失係数Q値 （実測値）	1.94 [W/(m²・K)]（断熱ブラインド全閉） 2.11 [W/(m²・K)]（日射遮蔽ブラインド全閉）

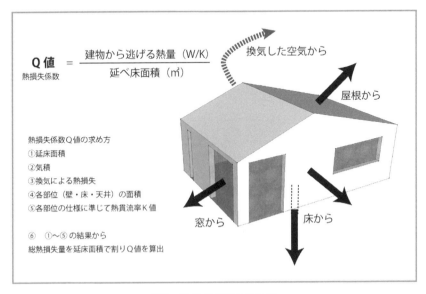

図5　熱損失係数Q値とは

温度および湿度

　寒い季節は最低が22℃、暑い季節は28℃以下を目標としました。おおむね、その範囲に収まっています。夏季はエアコンで設定温度を冷房27℃とし、自動運転モードとしました。8月23日（20時）～24日（8時）にかけて、室内の相対湿度の値が急激に低下し、エアコンが自動で除湿を行う運転に切り替わったようで、その後、室内の湿度が約50%で安定したようです。そのせいか、エアコンの消費電力が高くなっていました。夏季でも、夜間に外気の方が涼しくなる時間もあり、この計測時のように一日中エアコン運転にはせず、適宜、外気の導入を行うとよかったかもしれません（**図6**）。

　秋季・春季は、エアコンを使用せず、自然換気窓を利用した換気を行っていました。絶対湿度の計測値をみると、室内と外気が同様な値で推移しており、自然換気窓から外気が取り入れられていたことが分かりました。冬季の相対湿度は、外気の影響をあまり受けず値が安定し、2日間の平均値を求めてみたところ42%でした。冬季の絶対湿度の値は、常に外気の値を上回っていたことから、全熱交換換気システムにより潜熱回収が行われて、湿度も熱も室外へ過度に放出されずに安定していたことがわかります。外断熱・高気密・蓄熱容量の高いZEHでは、温度・湿度の面で4季節を通じて安定した室内環境を創り出していました（**図7**）。

照度

　室内の水平面照度を計測しました。今回はエネマネハウスの計測にそって、照明を使わずに窓などからの光の取り入れのみを見ています。光ダクトがある浴室は日射量に沿って値が変化し、すべての季節において晴天時の8～15時では、洗面のJIS照度基準である200lx以上となっていました（**図8**）。

太陽光発電・電力消費量

　夏、秋、冬、の計測でいずれも晴れた日には十分な発電が行われました。電力消費量では、夏季・冬季はエアコンの割合が最も大きく、夏季で80.6%、

冬季で87.6%でした。冷暖房エネルギー消費量の削減が有効と言えます。また年間を通じて、室内の照明や電気を細かく制御するためのリモコントランスと自然換気窓・ブラインド制御を行うw-HEMS関連機器が39W程度消費していました。今回の実験では、これらを使ったブラインドや窓の制御、照明

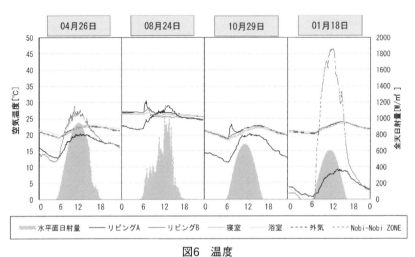

図6　温度

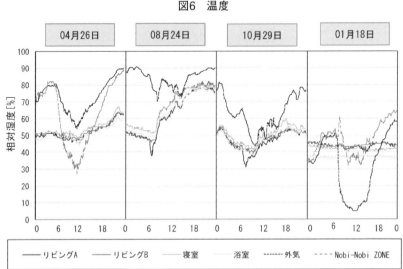

図7　相対湿度

制御を行っていないので、これらを除いて消費電力を考えてもよいかもしれません。これらのICTを用いて、環境に応じたより細かな省エネ制御を行う際には、これだけの電力がかかることもわかりました。これらの機器の省エネ効果も合わせて考える必要があります（**図9**）。

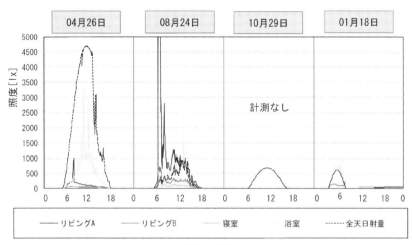

図8　照度

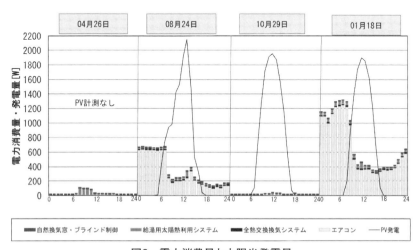

図9　電力消費量と太陽光発電量

5. ZEHの推計

年間エネルギー収支の推計

各季節の数日間について計測した実測値から、年間のエネルギーを概算してみます。多くの日数の計測ができないので、あくまでも概算ですが、年間の発電と消費のバランスを示すことを目的に計算を行います。それぞれの推計値の算出方法については、ほかの多くの要因があるため、厳密なZEH計算は、より精密な方法によるべきだと考えています。

この推計では、1～3、12月の冬季（暖房期4か月間）、4～6月を春季、7～9月を夏季（冷房期3か月間）、10～11月を秋季としています。通常の季節の呼び名のとはずれているように思われますが、これは実際に、日本の温暖地で冷暖房を使用している世帯割合の調査結果からみて、このように定めました（**表3**）。

表3　年間エネルギー収支の推計の条件

季節	期間	稼働機器
夏季	7、8、9月	冷房：エアコン27℃設定
		換気：全熱交換換気システム
秋季	10、11月	自然換気窓
冬季	12、1、2、3月	暖房：エアコン22℃設定
		換気：全熱交換換気システム
春季	4、5、6月	自然換気窓

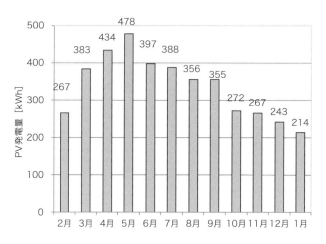

図10　太陽光発電量の概算

・太陽光発電

　実測値から水平面日射量、外気温および発電量の関係式を算出してその他の季節について月別に太陽光発電量の推計を行ないました。その結果年間の太陽光発電量の概算を求めたところ、4,054kWhとなりました（**図10**）。

・冷暖房にかかる消費エネルギー

　数値解析ソフトMATLABを用いて対象住宅の室内の熱の発生と、外気の変動から、室温変動を計算するモデルを作成しました。これを使って、冷暖房の季節のエアコンによる電力消費量を算出しています。室内のPMV[※]が、−0.5 < PMV < 0.5 の範囲に収まるよう必要な時だけエアコンが動く、電力消費量を概算しました。屋外の気象条件は、拡張アメダス気象データの東京の値を1年分利用します。ブラインドは、ある条件に固定して熱の出入りがあったとしています。これによると、暖房期で730kWh、冷房期で352kWhとなり、年間の冷暖房による電力消費量の推計値は1,082kWhとなりました。

※ PMVとは、温熱6要素から求められる、温冷感の指標。

・換気やその他にかかる消費エネルギー

　全熱交換換気システムは夏と冬に使用し、春・秋は自然換気窓・ブラインドの制御機器が稼働するものと考えました。その結果、年間の電力消費量は全熱交換換気システム：106kWh、自然換気窓・ブラインドの制御機器：117kWhとなり、換気設備の年間電力消費量は223kWhと制御がかなり大きくなりました。

・給湯

　給湯にはガスを消費します。実測では1日に200Lの出湯を行ないガス消費量を計測しましたが、太陽熱の集熱も行っていました。気温や天気で変動するガスの消費量を、数日の計測値から推計するのは少し難しい部分がありま

した。

　そこで年間推計では、給湯の生活スケジュールを空気調和・衛生工学会発行のスケジュール作成ソフト「SCHEDULE Ver2.0」を用いて、共働き夫婦を設定して生活スケジュールを作成しました。給湯エネルギー消費量は太陽熱で得られた貯湯槽の温度を加味して、給湯スケジュールにそって出湯するのに必要なガス消費量を概算しました。お湯は風呂および春秋冬季の炊事の際に使用するとし、ガス機器のメンテナンスおよび凍結防止のためのガス消費は含んでいません。計算の結果、給湯のための年間のガス消費量は368.9 m^3 でした。

　またハイブリッドパネルから集熱するためのポンプ動力およびガス給湯器の制御にかかる電力については、日射による集熱量と、給湯使用のタイミングによって変動します。概算を求めることとし、170kWhとなりました。

　実測では照明を使用していませんが、ZEHの定義に含まれることから計算に含めてみたいと思います。そこで既往文献を参考に、共働きの2人住まいを想定した生活での照明の使用時間のスケジュールを作成しました。平日251日、休日外出30日、休日在宅84日として年間の照明電力消費量を算出しています。この住宅は仕切りのないひとつの空間ですが、リモコントランスを用いて、リビング、ダイニング、寝室、浴室の4つの場所ごとに、照明を点灯したり、光量も調節可能です。そこでまず、照明を点けた時の電力消費量を測定してみました。照明を全部つけた場合285W、調光制御で暗めにすると66Wでしたので、これらの値を、先ほどのスケジュールで必要な場所に合わせて、算出しました。年間の照明の電力消費量は362kWhとなりました。

- 一次エネルギー換算

　以上の概算値をまとめると表のようになりました。電力とガスを同じように評価するため、一次エネルギーに換算します。電力の一次エネルギー換算値を9.76MJ/kWh、ガスの一次エネルギー換算値を45MJ/m^3として、太陽

光発電量、電力消費量、ガス消費量の一次エネルギー量を算出しました。一次エネルギーの収支は、太陽光発電量が39.6GJ、消費エネルギー量が38.9GJとなり、年間での創エネルギー量が消費エネルギー量を上回り、この住宅が「ZEH」であることが示されました。

今回の概算は、年間でのバランスを見ることを目的にした大まかなものです。数日間の計測値をもとにしていることや、照明や給湯などはあくまでも生活の想定をしたものであることから、厳密なものとは言えませんが、創エネルギー量と消費エネルギー量の差がそれほど大きくないことから、今回のようにさまざまな要素技術を組み合わせることで「ZEH」を達成できていることがわかりました。

これらのバランスの全体の特徴から、Nobi-Nobi HOUSEは、外皮性能の強化によって断熱・蓄熱性能が高いことから、快適性を保つために必要な冷暖房の一次エネルギー消費量が抑制されて、「ZEH」実現のために効果があったと考えられます。また、照明は生活に合わせて部分的に使用する想定を行いましたが、住まいでの照明の快適性と省エネのバランスなどは、今後、検討の余地があるでしょう。窓のブラインドは連携制御が可能で、w-HEMSでエアコンとの連携によって熱と省エネのバランスをプログラムしましたが、

表4　各種年間エネルギー消費量・発電量推計値

		夏季 7〜9月	秋季 10〜11月	冬季 12.1〜3月	春季 4〜6月	年間	[単位]	1次エネルギー消費量 [GJ]	
発電	太陽光発電	1,099	539	1,107	1,309	4,054	[kWh]	×9.76/1000	39.6
消費	冷暖房	352	-	730	-	1,082	[kWh]	×9.76/1000	10.6
	換気 全熱交換換気システム 自然換気窓・ブラインド制御	116	50	154	77	397	[kWh]	×9.76/1000	3.9
	給湯 ガス消費量					369	[m³]	×45/1000	16.6
	給湯 給湯用太陽熱利用システム					170	[kWh]	×9.76/1000	1.7
	照明 照明、リモコントランス	152	101	198	149	599	[kWh]	×9.76/1000	5.8

＊エアコンによる冷暖房で2名の共働き生活を想定して計算した。

外部の昼光に応じても連携してコントロールして室内での明るさを確保し、照明の一次エネルギー消費量を削減するといった工夫の余地も大いにありそうです（**表4、図11**）。

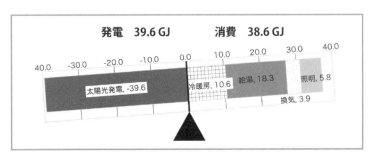

図11　ZEHの実データに基づく年間エネルギーの推計

6. ZEH住みこなしの提案

ZEHの特徴

　エアコン1台を使用した冷暖房を行って、計測やZEHの概算を行ってきましたが、Nobi-Nobi HOUSEには床冷暖房も設置されています。このような放射冷暖房は、蓄熱性能の高い住まいとは好相性です。冬に床暖房を使用したところ上下温度差が小さくなり、温度の変動が緩やかで安定したよい室内環境ができました。従来の家と比べて、気密性・断熱性能が高いため、やや暖かくなりすぎるほどだと感じました。実験住宅として、少し多めに床暖房を設置してしまったのかもしれませんが、家庭用エアコン1台でも賄えるほどでしたので、冷暖房設備の容量については、通常の住宅と比べて気密性・断熱性能の高さを考慮に入れて選択する必要がありそうです。

　また、被験者の方数名にこの家で、家事を想定した利用をお願いしました。夏の終わり頃でしたが、自然換気窓については大変好評で、家事などで体が熱くなったときなどに、自然の風が心地よく感じられるということでした。躯体の蓄熱性能が高いことと合わせて、体感として快適な環境にするために、

外気を感じられることは有効のようです。

ライフスタイルとZEHの構成

　エネマネハウス2014でNobi-Nobi HOUSEには導入しませんでしたが、SOFC（燃料電池）など、太陽光発電パネルの他にも、さまざまな創エネ設備があり技術開発も進んでいます。建設時のイニシャルコストを抑えるために、創エネの設備をほどほどに導入して、なるべく省エネに生活してZEHを達成することもできます。反対に、イニシャルコストはかかりますが、創エネ設備を導入しておいて、少し消費が多いライフスタイルでもZEHを達成することもできます。高齢世帯では在宅時間が長くなる場合も多く、療養のためにエネルギーが多く必要となるなど、世帯人数や年齢構成、在室時間や、ライフスタイルにあった、省エネルギーとコストパフォーマンス、暮らしの質の面から、それぞれに適したZEHの設備構成が考えられるでしょう。

エネルギーの時間的なバランス

　自然エネルギーである太陽光発電量は、天気や時間に大きく影響を受けます。一方、生活での消費電力も気温などの影響を強く受け、ライフスタイルによっては消費の時間帯が集中したりします。例えば、共働きなどでは平日の昼間はほとんど電力消費がなく、朝と夕方から夜にかけて消費が多くなります。オンサイト（一軒の家などの単位）の中で、これらのアンバランスを調整するには、発電の多い時間帯に家電などを使うなど予約やプログラムを行って、電力消費を計画的に行うことなどが考えられます。その他に、蓄電池や電気自動車への充電など、発電の多い時間帯と、消費の多い時間帯を平均化することなどが提案されています。

エネルギーの社会的側面とZEH

　日本の住宅で、太陽光パネルの設置が普及した背景には、電力自由化によって売電が可能になったことが大きな要因でした。社会全体でも、電力の需給バ

ランスをとることが重要と言われています。最大の電力需要を賄うだけの設備を持つことは、社会基盤整備の面から効率が悪く過剰な設備投資となるためです。太陽光パネルの設置が急速に増えた際、電力網（電力グリッド）への売電が昼間に過剰となりバランスが崩れる懸念から、一時、新規の電力買取りの契約を停止するといったニュースもありました。社会全体で、時間変動に応じたエネルギー需要と供給のバランスを取るために、蓄電の技術開発や、価格の変動による抑制などさまざまな方策の実施が検討されています。以前だと、発電所から送られた電気を、家は受け取って消費する場、という位置付けでしたが、ZEHの普及によって自分の家で創エネルギーを行い、エネルギーを供給する側として、電力グリッドの中のノードの一つになるのです。

【参考文献】
経済産業省、ZEH ロードマップ検討委員会とりまとめ,2015
http://www.meti.go.jp/press/2015/12/20151217003/20151217003-1.pdf（20170626閲覧）
水石 仁、伊香賀 俊治、村上 周三、田辺 新一：諸外国における住宅・建築物の省エネルギー規制の動向に関する調査研究、日本建築学会技術報告集、Vol.19、No.41、pp.225-230、2013
海野玄陽、田辺新一、古谷誠章、長澤夏子ほか：Nobi-Nobi HOUSE ～重ね着するすまい（その1）：背景と建築概要（エネマネハウス2014、2014年度日本建築学会大会（近畿）学術講演会・建築デザイン発表会、pp.96-97、201409
菅野正太郎、田辺新一、古谷誠章、長澤夏子ほか：Nobi-Nobi HOUSE ～重ね着するすまい（その2）：提案住宅の特徴（エネマネハウス2014、2014年度日本建築学会大会（近畿）学術講演会・建築デザイン発表会、pp.98-99、201409
長澤 夏子、田辺 新一、古谷 誠章、広橋 亘、林 泰弘ほか：ゼロエネルギーハウスの設計・建設と四季の計測 － 早稲田大学『Nobi-Nobi HOUSE ～重ね着するすまい』-、日本建築学会技術報告集、52巻、pp.1049 - 1052、201610
Matsunaga, TM. , Tanabe, ST , Nagasawa, N , Hayashi, H , Watanabe, W：CREATING A NET ZERO ENERGY HOUSE IN JAPAN -Solar Power; Thermal Environment; Zero Energy House-, Healthy Buildings 2015

第4章

ワセダライブハウス

1. エネマネハウス　2回目の挑戦

　好評に終わった「エネマネハウス2014」を受け、2015年の3月に2回目が開催されることが発表されました。前回代表だった田辺先生から「今度は高口先生でやれないか」と相談があり検討を始めました。第1回目で大方のアイデアは出しています。何事も2回目の方が1回目よりも難しい。前回参加した学生は「建築学科に入学しても実際にものづくりをすることはなかったので、あれはいい経験でした」と言っていましたし、下級生もぜひやりたいとのことでした。

　Nobi-Nobi HOUSEの計画時に、学生らと建物の物理的性能に関しては相当議論しました。その結果がNobi-Nobi HOUSEとなったわけで、そうそう新しいアプローチが出てくるはずがありません。前回はなかった予算制限も今回は設けられました。前回とは違う形で、何をこれからの住宅として訴えるべきなのか。そこから議論は始まりました。

図1　ワセダライブハウス外観　©Takeshi YAMAGISHI

第4章 ワセダライブハウス

　世の中の消費に関する価値観はモノからコトへと大きく変わってきています。住まいについても同様で、単に快適な空間としてのイエを所有することに魅力がなくなり、周辺の社会関係や人間関係も含め、どういう時間を過ごせるのかというコトに、関心が移っています。つまり成熟した社会における家づくりを、ZEHというフィルターを通して提案できないか。そんな学生との議論から2回目のエネマネハウスに挑戦することになりました（**図1、図2**）。

2. 住まいを愉しむ

　住宅のストックは、すでに1980年代以降に建てられたものが過半を占めます。住宅の寿命が30年と言われたのは、戦後の復興期に建てられた安価な住宅の耐久性が低かったせいで、80年代以降の住宅の平均寿命は50年以上、現在新築として建てられている住宅は60年以上と予測されています。これから人口減少と良質な住宅ストックの増加が進めば、おそらく中古住宅

図2　ワセダライブハウス内観　©Takeshi YAMAGISHI

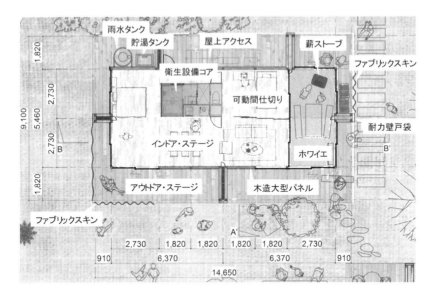

図3　平面図

も含めた住宅のコストは徐々に低下するでしょう。世帯数は増えていますが世帯人数は減少しています。単身者や子どものいない世帯は集合住宅という選択肢が優勢になるでしょう。快適で安全な住まいを確保したいだけであるならば、中古住宅のリノベーションや集合住宅でこと足ります。あえて新しい住宅を選んでもらうには、その金額でなければ得られない体験や世界観が必要です。

「エネマネハウス2015」では、前回同様「エネルギー」「ライフ」「アジア」の三つのテーマが与えられました。2014では「2030年の家」と具体的な時期が示されていましたが、今回は単に「将来の家」に変更され提案の自由度が広げられました。

エネマネハウスは学生が考える「将来の家」。成熟する日本の住まいづくりと成長する東南アジアの家の共通点は何か。「よりよい家のニーズは？」というような所から議論を始め、生活行為を効率化して便利にするのはいいけれども、効率化して得た時間や浮いた光熱費は何に使うのか、といったこ

第4章　ワセダライブハウス

図4　学生の打ち合わせ風景

とも議論しました。

　浮いた時間や光熱費は、できればエネルギーを使わない時間の過ごし方に当てて欲しい。だらだらとエアコンの効いた部屋でTVゲームをして過ごすのではなく、和やかで生産的な時間として欲しい。家族にせよ他人にせよ、この時代に集まって住むことの価値や豊かさとは何か、といったことまで議論しました。

　議論は工法から間取り、ライフスタイルまで広範に及びましたが、3つのテーマの一つ「アジア」をどう考えるのかが収束の糸口となりました。発展途上の東南アジアの国々では、急速に近代化しつつも家族や地域のつながりが強く、調査でも幸福度が高く維持されています。家造りはその中心にあって、家族や地域の仲間がセルフビルドに近い形で家造りをしていることも多く見られます。熟練工が減っている日本でも、素人でも作れる工法には期待がありますし、先進国のヨーロッパでも余暇の過ごし方としてセルフビルドは定着しています。グローバル化の先に、先進国と新興国の生活水準が同程度に収束するとすれば、それぞれの良い所を活かしたサステイナブルな住まいの作り方があるはずです（**図3**）。

図5　林産地での工事の安全と家内安全を祈る祭事

図7　給湯機能付き薪ストーブ

図6　木造大型パネル

図8　断熱間仕切りによる間取り変更

つまり、家族の依り代として、また社会と繋がる媒体として、また余暇の時間を費やす対象として、住まいづくりを洗練できればそこに空間以上の新しい価値が生まれるのではないか。省エネルギーや創エネルギーについても、それが愉しいというレベルまで昇華され、住宅内外の暮らしそのものが愉しみとして洗練するソーシャル・デザインが、利便性や快適性、省エネ性を超えた我々のエネマネハウスだということになりました（**図4 ～図8**）。

3. ワセダライブハウス

このソーシャル・デザインとして、LIVEというキーワードが浮かび上がってきました。住まい手自らが暮らしを愉しむ住まいを作り（ライブ）、住まいを暮らしに合わせ変えられる（リブ）、住まい手が住まいと共に成長する（ライフ）、をLIVEという英語に束ねました。建物の名称もこのLIVEから「ワセダライブハウス」としました。

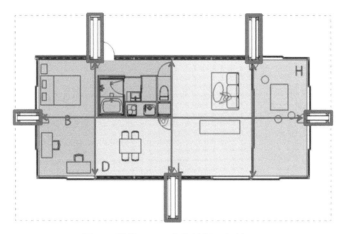

図9　間仕切りは建物外部に収納

　例えば「ライブ」では、部材の調達にしても、単に注文して納品してもらうのではなく、その背景にある価値を探し、高められるよう工夫しました。木材で言えば、伐採現場や製材工場の見学、植林への参加といった林産業の６次産業化と連携した家づくりを考えました。仕上げには三重県熊野の熊野材を使用しましたが、世界遺産に登録された現地の花の窟神社で、研究室で考案した神事を執りおこない、材料を祀って工事の安全と家内安全を祈りました。このようなイベントは住まい手が生産地を訪れるきっかけとなるよう計画したもので、それが地域にとっても住まい手にとっても貴重な交流となるよう企画しました。また、主要構造として採用した大型木造パネルは工場でのプレファブですが、学生が自作できるかに挑戦して工場にて一部を製作、建設現場では組み立てにも参加して、素人でも十分可能な作業であることを確認しました。

　リブでは、手間のかかる給湯機能付き薪ストーブを象徴的に採用しました。薪の調達や補給には手間がかかりますが、林産地から取り寄せれば建設時の縁が継続できますし、間伐材や住まい近く街路樹の剪定枝を活用すれば、エネルギーの地産地消にもなります。火をおこして暖を取ったり湯を沸かした

りするのは面倒ですが、火を眺めるのは単純に愉しめます。軒先に吊したカーテン「ファブリックスキン」は、遮光・遮熱を期待したものですが、天気に応じて設える必要がありこれも面倒です。ここでは逆手に取って、風でゆらゆらと揺れることがセンサーとなり、自然の変化を伝えることで、住まい手が愉しく自主的に環境を調節する趣向としました。

ワセダライブハウスの平面計画（前出**図3**）は、固定した間仕切りのない大きなワンルームです。これといった平面計画は主張していません。これは使い方を自由に変えられる日本の伝統的な田の字プランをなぞったものです。襖代わりの間仕切りを、断熱材や蓄熱材を加工したものにすることで、より快適に季節やライフステージに合わせて間取りを変える暮らしができるようにしました。間仕切って空調対象空間を小さくすれば省エネルギーにもなります。建物の断熱がしっかりしていれば、間仕切りからのほどほどの漏気で、建物全体も一定の快適性が確保できる設計としています。このような空間とそこで行われる行為を通じ、住まい手自身も成長することをライフとしました。具体的には次のような間取り変更を想定しました。

世帯構成や季節の変化に合わせた間取り変更

住宅が本来持つ長寿命性を考えると、特定の世帯に特化した住宅を設計することは、合理的ではありません。間仕切りを移動することで、個室が多い住宅、ワンルーム的な住宅など、自由に変えて世帯構成の変化やライフステージに合わせられることが日本的な住宅のあり様だと考えました（**図9**）。

また、季節に合わせて空間構成も変化できるようにしました。内部の可動する間仕切り以外にも、ファブリックスキンに仕切られた空間や半屋外のホワイエを季節に応じて室内に取り込み、四季折々に合わせて住まう。住まい手が能動的に間取りを変えることで、空調期間を短くし省エネルギーを実現します。

このような手間かける暮らしや愉しみは、昔の生活では当たり前のことでしたが生活が近代化するなかで失われつつあります。ワセダライブハウスの

ソーシャル・デザインは、改めてそういった生活行為が持っていた価値を見直し、適切な技術で進化させる取り組みでもあると考えています。

4. パッシブデザイン

　ワセダライブハウスでも、パッシブデザインを基本として、環境調整における不足分を高効率な設備で補っています。パッシブデザインとしては、高気密・高断熱の躯体に大きな屋根と庇を乗せて直達日射を抑制し、ZEHが日本的な大きな開口を有する住宅でも可能であることを示しました。建物外皮の開口部は前述のファブリックスキンとトリプルガラスのハイブリッドサッシ、室内側にはハニカムスクリーンを配して三層構造とし、これらを組み合わせることで季節や時間に応じた環境調整を行うこととしました（**図10**）。断熱性能が低い開口部が大きくなればなるほど、住宅では冷暖房のエネルギー消費が大きくなりゼロ・エネルギー化する難易度が上がります。ハイブリッドサッシはLow-Eトリプルガラスを使用し、サッシの外側はアルミで

図10　三層構造の外皮

内側は樹脂とすることで熱貫流率約1.03W/(m²・K) を達成しています。ファブリックスキン（**図11**）は軒下に下げるカーテン状の日除けで、今回は日射透過率が60％になる、金属コーティングされた生地を使用しました。計画としてはこれ以外にも、近年発達著しい布状の多機能新素材で建築物を包み込み、これまでにない機能と表情を建築物に与えることを考えました。検討段階ではビーズ状の太陽光発電素子を縫い込んだ生地や音が出せる素材なども候補として上がりました。外部

図11　ファブリックスキン

からの目隠しとしてプライバシーを確保すると共に、中間期は屋外空間を有効利用することで、生活空間を拡張できます。このような縁側的な生活領域も日本やアジアの伝統的な暮らし方に学びました。これらの工夫の結果、物理的な外皮性能としては、Q値で1.5W/(m²・K)、UA値では0.46W/(m²・K) を実現しています。住宅の省エネルギー性能の判定プログラムでは、基準一次エネルギー消費量は69.6GJ/年ですが、これらのパッシブ技術により約20GJが削減される計画でした。

　断熱材を挟んだ襖状の可動間仕切りも空調対象室から隣室への熱損失の軽減を期待して計画したのは既に述べた通りです。加えて、蓄熱材を組み込んだ間仕切り壁も用意し、冬季の日中のダイレクトゲインを利用して蓄熱してそれを夜間に放熱させるアイデアも盛り込みました。断熱材には35mmの押出法ポリスチレンフォームを採用し、断熱間仕切り壁の熱貫流率は0.59W/(m²・K)、また蓄熱材にはパラフィン系潜熱蓄熱材を採用しました。

　屋上には太陽光発電、太陽熱温水器、さらに屋上菜園を設置しました。屋上に菜園を設置することで、住まい手は頻繁に屋上に上がるようになります。

太陽光発電は汚れると発電量が低下しますが、そういったことも自然と目に入ります。食料もエネルギーも、より身近にすることで無駄が無くなり、省エネルギーにもなり、また暮らしのレジリエンスを高めると考えました。屋上菜園用の給水には1階に雨水槽タンクを設けて水を貯め、手押しポンプで汲み上げるようにしました。

5. アクティブデザイン

アクティブ技術としては、太陽熱温水給湯器と給湯機能付き薪ストーブ、高効率ガス給湯器の併用によるハイブリッド給湯熱源システム、太陽光発電システム、全熱交換換気システム、これに高効率の家庭用エアコンという比較的単純なシステムを採用しました（**図12**）。基本的には町の電気屋さんで購入でき、特殊な技能も不要な機器を選びました。

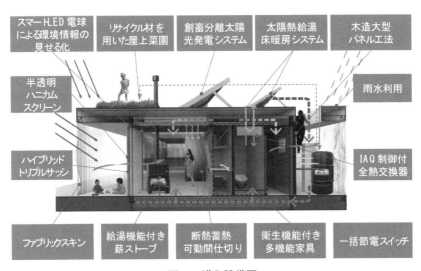

図12　導入設備図

ハイブリッド熱源システム

　東日本大震災以降、住まいにおいても災害時や停電時にどのように対応するか、いわゆる回復力と訳されるレジリエンスが大切になってきました。そういった観点から、電気と都市ガスを併用しながら、より安全で安心できかつ省エネルギーも実現できる仕組みを目指しました。

　まず、このハイブリッド熱源システムは、電気ではなく太陽熱温水器と高効率ガス給湯器を主とする熱源システムです。この熱を床暖房と給湯に使用します。また、冬季のガス使用量の抑制と、さらに都市ガスも止まってしまった際の熱源とするため給湯機能付き薪ストーブも併用しました。太陽熱温水器のエネルギー変換効率は40〜50％と非常に高く、エネルギーを効率的に使用することが出来る一方で、天候に大きく左右されます。また、熱需要が増える冬季は太陽熱エネルギーが少ないため、太陽熱依存率は20％程度まで落ち込みます。一方、給湯機能付き薪ストーブは薪をエネルギー源とするカーボンニュートラルな設備で、直接放射が得られるのに加え、本体上部のタンクで作った温水を熱交換して給湯や床暖房に余熱を有効利用することができます。これにより熱需要の増える冬季のガス使用量を抑制し、天候の影響も受けにくくします。災害時にはまず太陽熱温水給湯器を使用し、次に給湯機能付き薪ストーブと考えました。

　給湯機能付き薪ストーブの熱は太陽熱給湯器と併用し、床下温水暖房の熱源としても利用ます。床暖房の温水マットの上部にはパラフィン系の潜熱蓄熱材を敷き詰め負荷平準化を図っています。

太陽光発電システム

　建設時点で最も効率の良かった太陽光発電パネルを用い、システム容量3.5kWを屋上に傾斜角30度で設置しました。パネルの汚れは発電にも大きく影響することから、住まい手が自分でパネルを拭いたり掃除をしたりメンテナンスができるよう、陸屋根の上にメンテナンスできる余裕を持って設置しました。

全熱交換換気システム

　全熱交換器は冬季であれば、排気される温かい空気と冷たい外気を熱交換し、外気を予熱して室内に入れる省エネ型のシステムです。しかし、室内が外部より寒い場合は、外気をより冷却して室内に取り込んでしまうため状況によっては増エネとなってしまいます。今回採用した全熱交換器換気システムは、そのようなことが無いよう室内外温湿度を計測し、状況に応じて熱交換をするかどうかを判断するIAQ制御機能が付いているもので、必要な時しか熱交換を行いません。これにより約57%の空調用エネルギーの削減効果が期待できます。給気清浄フィルターがあるため、花粉症の緩和にも役立ちます。24時間換気を前提とする換気システムではありますが、自然換気が可能な中間期には、運転を停止して窓開けなどにより直接外気を取り入れる計画としました。

図13　衛生機能付き多機能家具

6. しつらえ

衛生機能付き多機能家具

　自由な間取り変更を実現しようとすると、制約となるのがトイレや風呂などの水廻り、衛生設備です。水廻りが固定されてしまうと、間取りは大きく制約を受けます。自由な間取りも絵に描いた餅になりかねません。一方で、水廻りは住まい手の不満が最も強く、住宅に比べて寿命が短い設備です。そこでワセダライブハウスでは、衛生設備についても、床の上に家具のように置く方法を考えました。

　衛生機能付き多機能家具とよぶ衛生設備コア（**図13**）は、トイレと風呂を収納やシステムキッチンで囲ったもので、その上部にエアコンを収納しました。給排水や配線はコア内のパイプスペースを通って床下に通されます。床にはそのパイプスペースより小さな穴があるだけで容易に塞げ、また移動することができます。この多機能家具により、住まい手が変わったり、ライフステージが変化したりするのに合わせて水廻りを新しくしたり、場所を変えたりすることが容易になります。

スマートLED照明による環境情報の見せる化システム

　住まい手自らが、窓開けなどの環境調整行動を取り、機器を効率的に使用することは、省エネルギーでかつ快適に過ごすには極めて重要です。そのためにはまず室内外の温湿度の状況やエネルギーの使用状況を知ることが大切です。HEMS（Home Energy Management System）は、そのことを意図した機器の一つですが、小さなモニターに数字やグラフを表示するだけでは住まい手の関心は長続きしません。ワセダライブハウスでは小さなモニターによる情報提供、いわゆる「見える化」は採用せず、室内のLED照明の色をエネルギー消費量や室内外温度差に応じて動的に変化させることで住まい手が否応なく気づいてしまう「見せる化」のシステムを自作しました（**図14**）。Wi-Fiを使用して無線で明るさと色を変えられるLEDを使い、Arduino Yúnで

第4章　ワセダライブハウス

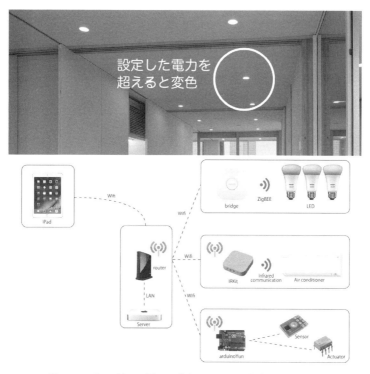

図14　エネルギーの見せる化システムと一括節電スイッチ

電力計と内外温度差センサーを自作して、閾値を超えた場合にLEDの色を赤に変える制御を行いました。これらはスマートフォンやタブレットから簡単に操作できるようにしました。

一括節電スイッチ

　待機電力は一時ほど大きくはありませんが、消し忘れも含め意図せぬ電力消費は意外と大きいものです。いちいち電源を抜いたり、元スイッチを切ったり、あるいは消し忘れを思い出して部屋に戻ったりと、無駄を省くには負担が大きく継続するには工夫が必要です。玄関脇に冷蔵庫や留守電など、電気を切ってはいけない機器以外の電源が一括してOFFにできる、そんな仕組

みがあればわずかな電気でも節約できるのではないかと考えました。ここでは分電盤やコンセントに設置可能なWi-Fiで制御できるスイッチを設置し、スマートフォンからON/OFFができる一括節電スイッチを自作して設置しました。

7. ZEH判定

設計したワセダライブハウスの生活時におけるエネルギー消費量（**図15**）は、国が提供している「住宅・住戸の省エネルギー性能の判定プログラム」

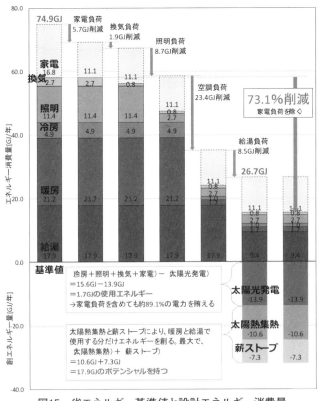

図15　省エネルギー基準値と設計エネルギー消費量

を用いて算定し、設計にフィードバックしては再算定をするという作業を繰り返しました。まず、基準としてワセダライブハウスと同規模の住宅で、延床面積79.5m^2、主たる居室を49.7m^2、その他の居室を19.9m^2、非居室を9.9m^{2}として計算すると、家電によるエネルギー消費量を含めて計算すると74.9GJ/年となり、これを基準一次エネルギー消費量としました。

最終的なワセダライブハウスは、この基準一次エネルギー消費量に比べ、家電エネルギー消費量を含めて約26.7GJ/年、家電エネルギー消費量を除くと約15.6GJ/年となり、基準値から73.1%エネルギー消費が少なくなりました。内訳を見ると、高効率家電の導入および一括節電スイッチにより家

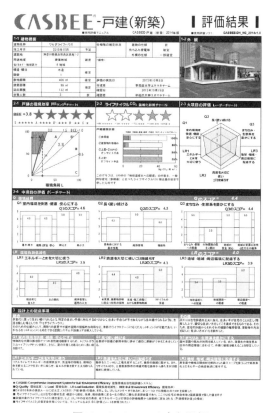

図16　CASBEEの自主評価

電分を33.9%削減、IAQ制御付全熱交換器の導入による空調負荷の抑制で換気によるエネルギー消費を70.4%削減、照明分のLED化でさらに76.3%の削減、空調に関しては断熱強化と自然通風の利用による冷房時間の短縮により89.8%の削減、断熱浴槽と潜熱回収型給湯器の活用による47.3%の削減が達成できます。

これらの計算により、どうしても必要となった15.6GJ/年を創エネで賄えればZEHが達成できます。太陽光発電システムの性能を考えると、13.9GJ/年の電力が得られますので、残りの1.7GJ/年をなんとかすればよい。屋上に設置した太陽熱集熱及び薪ストーブを導入からは、最大で17.9GJ/年の創エネルギーが計算上は見込めるため、この有効利用を図れば十分ZEHが可能であると判断しました。

競技としてのエネマネハウスでは求められませんでしたが、ワセダライブハウスをCASBEEでも評価してみました（**図16**）。「Q1 室内環境を快適・健康・安心にする」では4.6と特に高いスコアとなります。「Q2 長く使い続ける」では、各部材や設備の耐用年数に合わせて適切に更新が出来る工夫をしたことにより、スコアは4.3となりました。「Q3 まちなみ・生態系を豊かにする」の項目では、屋上菜園や雨水の利用を評価し、移築後に想定した計画も踏まえスコア4.4としました。

「LR1 エネルギーと水を大切に使う」の項目ではエネルギーモニタリングと見せる化によりスコア3.9。「LR2 資源を大切に使いゴミを減らす」の項目では、躯体をプレファブ化して工場生産することで廃材発生を抑制したり、持続可能な林業から産出された木材を利用したりしていることにより4.3というスコアとなりました。最終的なワセダライブハウスのBEE値は3.8となり、Sランク相当という自己評価になりました。

第4章　ワセダライブハウス

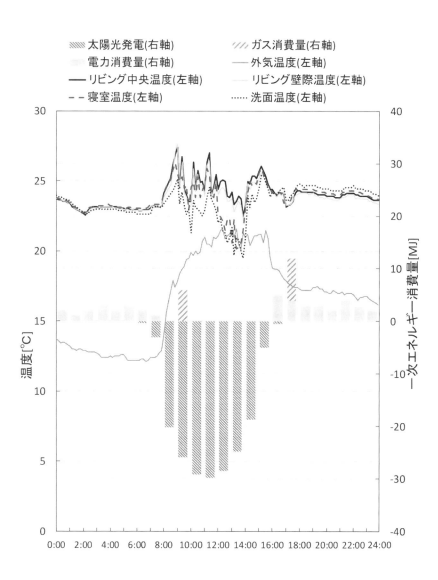

図17　代表日（2015年10月26日）の実測結果

8. 実測によるエネルギー消費の確認

　最後にエネマネハウス2015開催期間中に設定された実証期間（2015年10月23日～29日）の実測結果を下に、ワセダライブハウスの省エネルギー性能について述べたいと思います。実証期間中は、家電負荷を想定したヒーターと実際の生活を模擬したエネルギー消費行動による各種タスクがエネマネハウス事務局から用意され、3名の学生がそれに挑戦する体で行われました。実証期間中は毎日快晴で、日照時間にもばらつきのない、実測日和に恵まれました。

　実証期間中の代表日（2015年10月26日）の室温などの実測結果と一次エネルギー消費量、太陽光発電量です（**図17**）。夜間には外気温が12.1℃まで冷え込んだため、暖房設定23℃でエアコンを運転していました。室内には若干の温度ムラが発生し、寝室や洗面と比較するとリビングの室温が最も低くなりましたが、それでも22.4℃を維持しています。朝方の8時から9時には東側から朝日が入り、室温が急上昇します。ファブリックスキンによる遮蔽を想定していましたが、この日は上手く遮蔽しきれませんでした。1日のエネルギー収支は、エネルギー消費量が54.9MJ、太陽光発電量が186.4MJと、太陽光発電による創エネルギー量だけでも1日のエネルギー消費量の約3.4倍となりました。この時期であれば、給湯機能付き薪ストーブを使用してエアコンやガス給湯器に使用を最小限に抑えられたはずなのですが、横浜市の指導により使用が認められなかったのが残念でした。

第5章
ワセダライブハウスの発展

1. ワセダライブハウスの展開

　エネマネハウス2015の一環として、計画・実施されたワセダライブハウスは、実際人が住まうことを想定し作られたものでしたが、それが建っていた期間は残念ながらわずか3週間ほどでした。エネマネハウス2015の期間中の会場への来場者数は約5000人強で、それなりの方々にZEHの新しい住まい方について知ってもらう機会となりましたが、もっと長い期間をかけて多くの方々に来場してもらい、体験してもらうことが出来たらより有意義だっただろうなと思っています。

　エネマネハウスの運営側のことを考えますと、さすがに建売住宅として販売してしまうといったことまでは難しいとしても、例えば会場を住宅展示場のようにして、より多くの一般の方々にZEH住宅を体験してもらうことが出来たのではないでしょうか（**図1**）。その住宅展示場は通常のハウスメーカーによる展示場とは異なり、予約性で宿泊することも出来たかもしれません。また、日中の太陽熱をためた蓄熱材が夜間にどう働くのかや、薪ストーブの周りで団らんしながら、その熱で暖められたお湯のお風呂に入ることも、体験出来たかもしれません。学生のコンシェルジュがアテンドし、ZEH住宅に住まう愉しみ方や、機器の仕組みについての説明も行ってくれたら、きっと誰であれ、その魅力やZEHに対するより深い理解を示してくれたのではないでしょうか（**図2**）。

図1　一見住宅展示場のような建設途中の会場風景

図2　来場客に説明する学生たち

幻に終わった移築案

　もともとワセダライブハウスは、エネマネハウス2015開催後には移築する予定のもと、進められていました。建具や設備はもちろんのこと、躯体全体も前章で紹介した木造大型パネル工法を用いることで、壊さずに解体し、別の敷地に移動することが可能なように、あらかじめ計画されていました（図3、図4）。長期的な利用を目的とした住宅であり、住まい手のライフスタイルの変化に応じて、住まい自体も成長していきますし、時には住まい手も代わる、敷地も代わる、ということまでも想定した時間のスパンの中で考えられています。未だに戸建て住宅の平均利用が約30年ほどと言われている中で、ワセダライブハウスは約100年間は利用され続けることを想定していました。ZEHを考える上では、短期間住んで取り壊すということでは、あまり意味がありません。住宅のライフサイクルエネルギー（LCE）を考えても、生活による消費エネルギーがゼロになったところで、解体や廃棄物の処理には多くのエネルギーを要する上、通常より高額な設備機器への初期投資も考慮すれば、短い期間でZEHを建て直すのは間違いです。

　ワセダライブハウスの移築先はいくつかの候補を検討したあげく、早稲田大学本庄キャンパス内の敷地に決定しました。場所は埼玉県本庄市で都内からは離れていましたが、大学の敷地内ということで完成後の管理や測定なども容易に出来ることが魅力的でした。当時大学側は、今後この本庄キャンパスを国内外から研究者を集めた研究施設とすることを想定しており、ワセダライブハウスは、そうした遠方から来た研究者などが宿泊するためのゲストハウスとして、使用することを検討していました。また、ゲストが宿泊していない間は、地域の人に解放し、コミュニティーが集い、利用出来る場所としても考えられていました。宿泊利用の際は、エネマネハウス2015時同様に、可動式の間仕切り壁によって滞在する人数に合わせた部屋割を行い、市民の集まり等に使用する際には、すべての壁を開け放って一つの広いスペースを確保したり、壁を点在させて展示スペースとして利用したりと、多様な活用方法に対応出来るワセダライブハウスの利点を最大限に活かせるプログラム

でした。

　かつての日本家屋では、同じ座敷にて当たり前のように複数の住まう行為（食べる、くつろぐ、寝る、接客する、など）が行われていて、また建具を外すことによって、時として大勢のご近所や親戚などが集える場所にも早替わりすることが出来ました。ワセダライブハウスもまた、個人宅という機能を超えて、このような住まいと集う場所とを両立することが可能なデザインを用いることで、かつてどこにでも見られた空間の利用法を、もう一度住まう場に提案しようとした試みでもありました。

　エネマネハウス2015終了後、丁寧に解体された部材や機器類は本庄に移

図3　本庄キャンパスへ移動される部材や機器

図4　解体中のワセダライブハウス

送され、新しい敷地における基礎の設計やインフラの整備を待つ間保管されていましたが、非常に残念なことに、その後大学側の意向の変更により、移築の話は突如としてなくなってしまいました。

2. ワセダライブハウス実用化へ向けて

ワセダライブハウス北九州

　本庄への移築話の雲行きが怪しくなって来た頃、一件の問い合わせがワセダライブハウス・フェイスブックページに寄せられました。エネマネハウス2015についての新聞記事を見て連絡したというその方は、福岡県北九州市で老人福祉施設を経営しており、計画中の新たなデイサービス施設兼カフェに、ワセダライブハウスを使用出来ないか、ということでした。記事にあった文章と小さな完成写真だけを見て、すぐにコンタクトを取ってくれたこの方の行動力と決断力にはとても驚きましたが、その話は私たちにとっても、それまで実験住宅であったライブハウスを実用化することの出来る機会になるかもしれないという意味で、とても嬉しい知らせでした（**図5**）。

　ライブハウスの実用化といっても、エネマネハウス2015の際の計画をそのまま転用するわけにはいかず、新たな敷地や機能、仕様等に合わせた再設計が必要でした。設計は再び早稲田大学の意匠系研究室と環境系研究室でチームを立ち上げ、外部の設計事務所と協力する形で行いました。その上で、私たちが考える必要があったのが、実用化においてワセダライブハウスをどのように定義すべきか、という問題でした。実験的に試みた初代ワセダライブハウスは、エネマネハウス2015競技に照準を合わせて計画されたひとつのモデルでしたが、これを今後実用化し、あらゆる場所で展開していくことを想定した場合、どのような条件を満たすことが「ワセダライブハウス」たりうるものと言えるのか、その基準を設定する必要がありました。いろいろ議論をする上で、私たちはエネマネハウス2015時に掲げていたコンセプト

を元に、以下のような条件を改めて設定しました（**図6**）。

• **地域主体でつくる**
「作ることを愉しむ」べく、住まい手がその建設のあらゆる工程において積極的に関われるような体制作りが必要であり、それには顔の見える地域の人との連携が必要不可欠である。

• **成長する木造平家建**
「成長を愉しむ」べく、可変性や更新性を考慮したデザインであり、住まい手のライフスタイルの変化に対応していけるものでなければならない。それは基本的に可変性に富んだ木造平家であることとし、建物の外観や仕上げの違いなどは自由とする。

• **アクティブな生活環境**
「暮らしの手間を愉しむ」べく、自動化された技術のみに頼らず、住まい手自らが生活する中で積極的に快適な住まいの環境つくりに介入出来る余地を残すこと。

• **快適なZEH（ZEB）**

図5　北九州の敷地を視察

これらを踏まえた上で、快適性を犠牲にしないZEHを目指すものであること。

地域主体でつくる

「作ることを愉しむ」ということは、実用化の中でどういう意味を持つのでしょうか。エネマネハウス2015時に私たちが問題に挙げていた、主にハウスメーカーによる見えない住宅作りに対抗するスタンスは、この北九州のプロジェクトでも同じで、いかにして住宅が出来る過程を住まい手や未来の利用者に開いていけるか、ということはとても重要でした。エネマネハウス2015時の際には、学生自らが住まい手の代わりとなり、木材の切り出しに立ち会ったり、工場でのパネル製作や現場での施工に携わったりしていましたが、そこで目指していたことは、地元との繋がりです。全国展開するメーカーによる住宅の多くは、海外からの輸入材をどこか遠い場所にある工場で製材にし、お抱えの工務店によって組み立てられます。住まい手や利用者がつくる作業に加わりたくても、その余地がほとんどない状態となっているのが現状です。住まう地の林業、製材業や工務店、メーカーの方々と共につく

図6　研究室にて再び計画を練り直す学生たち

図7　内部および開口の検討

るということは、こうしたブラックボックスを解消し、住まいづくりをより身近なものとして、感じられることへの重要な第一歩となります。

　北九州のプロジェクトの話が持ち上がってすぐに、私たちはエネマネハウス2015の際に大型パネル工法による躯体を提供してくださった三菱商事建材株式会社の担当者に連絡を取り、プロジェクトチームを立ち上げました。まずしたことは、地元の工務店と組み、資材や機器も地元のものを極力利用する方針を打ち立てました。今後のZEHの実用化とその広い普及を考える上でも、ハウスメーカーのみによる標準化したZEHの全国展開ということでは、ワセダライブハウスの「作ることを愉しむ」ということにはなりません。ZEHとは、一部の企業が利用出来る特権的な技術ではなく、また一部の住まい手のみ手の届く住宅ではなく、今後確実に全国においてその普及が求められているものです。つまり、今後のZEHを考える上では、その住まいや住まい方だけに留まらず、その普及の仕方についても考えることが求められていると思います。

| 北側立面　腰壁案 | 北側立面　腰壁案　事務所とトイレブロックの入れ替え |
| 北側立面　全開口案 | 北側立面　腰壁案　事務所とトイレブロックの入れ替え |

図8　北側立面のスタディ

　いかにしてZEHをみんなのものにするのでしょうか。実用化を考える上で　私たちはワセダライブハウスを、全国の地元の工務店によって使用出来るZEHモデルとして広め、その地の材を使って、その地の人によって建てられる共有プロトタイプとして計画するという目標を掲げました。今回のプロジェクトでは、その実現に向けて北九州の敷地にほど近い大分の工務店に協力してもらうことにしました。木材も地域の材を積極的に使用する方針を立て、躯体に必要な大型パネルの製作には、福岡県内にある工場を使用することにしました。他にも鈑金や設備、床暖房システムなどに至るまで、極力地域内もしくはエリア近辺の業者との協力を積極的に行っています。

　地域内で家づくりが完結するということは、部材や機器の輸送費用や職人の移動距離が大幅に削減されるため、建設コストを低く抑えられる上、移動に要するCO_2排出量の削減にも大きく貢献します。そして、地元の木材を活用したり、大工の仕事が増えることにより地域経済が支えられ、結果的にはその場所の山が守られるようになります。そこで重要になるのは、地域単

位でつくられる住宅がそもそも魅力的かつ汎用性が高いものでなければならず、そういう意味でもワセダライブハウスがひとつの共有できるモデルとして、そこへ貢献出来ることを期待しています。また、住まい手がつくる工程に関わるということは、地域業者にとっても大きなメリットがあります。完成形のみを受け渡す手法では、言わば住宅という商品を購入することになるため、施主はつねに完璧を求め、結果としてハウスメーカーなどにはクレームが多く発生します。それに対し、住まい手や利用者が自らつくる作業に加わることで、住宅は商品ではなく共同製作物となり、完成物により強い愛着が湧くため、クレームが大幅に減ると言われています。その上で、生涯を通して住まいに関するあらゆる更新、修理等を継続して地域内の大工に頼むことができ、お互い顔が見える人と人の繋がりの中で、住宅産業が引き継がれていくことが可能となるのではないでしょうか。

成長する木造平家建て

　ワセダライブハウスは、住まい手の成長に合わせて住まい自体も成長する、という考えのもと計画されていることはすでに前章でもふれています。人は成長し、住まい方も変化し、いずれは死んでいく生き物です。その一方で、建物は基本的には動かないものであり、人よりも長く残ることが出来ます。この人と建物の関係において、一方だけが変化し、もう一方がそれを許容できない関係では、快適な生活は長くは成り立ちません。昔ながらの住まいは長い時間のスパンの中でも、その可変性によって生活を支えてきましたが、特に戦後に大量生産された戸建住宅の多くは、一見機能性を重視しているようで、結果として多くの自由を奪ってしまっているとも言えます。また、かつてのように複数の世代が同居していた大家族での住まいでは、家の中で空間のリサイクルが行われるため、各世代のライフ・ステージごとの変化はさほど大きな問題にはなりませんでした。それに対し、現代の核家族の場合、家族構成の変化は直接住まいの空間利用に大きく影響してしまいます。

　住宅という前提であったエネマネハウス2015時のモデルに対し、この北

九州プロジェクトでは、高齢者向けデイサービス施設兼カフェという機能が求められていました。デイサービス施設というのは、通所介護の場であり、高齢者が自立した生活を継続して続けられるためのトレーニングやリハビリ、健康チェックや生活相談といったことを行うところですが、本件ではそこにカフェ機能を併設するという新しい試みでした。通常、外界から閉ざされがちな介護施設を、カフェ機能を用いることで、より多くの地域の人に対して開いていくことを目指しており、地元の食材を使用した食事の提供や、野菜などの販売も計画されていました。そこで私たちは、基本的計画はエネマネハウス2015時のプランを基本としながらも、実用化に向けた変更や改良を行う必要がありました（**図7、図8**）。

主にご高齢の方々が利用する施設となるため、ワセダライブハウスの段差のない平家建というのは、施主側にすぐに受け入れて頂けました。高齢者の増加に伴い、階段や段差で苦労するのは必ずしも高齢者本人だけではありません。彼らを介護する人にとってもそれは同じです。また住居の場合、生活

図9　北九州モデルの外観

の主体が二階にある家の場合、近所の見守りの目が届かない、ちょっと立ち寄ることが出来ない、といった問題もたびたび指摘されています。平家というのは、これまで戸建住宅市場ではほとんど開拓されていなかった領域ですが、少子化や単身者の増加、空き地の増加といった縮小する社会や都市の傾向を踏まえれば、おそらく今後はかなりの需要が期待出来るモデルになるのではないでしょうか。

　空間利用上の条件としては、フィットネス機器を使用したり、生活相談を行ったりと、同時に色々な行為を行う場合もあれば、大きな空間にて全員でヨガをしたり、イベントを行うこともあるという条件でした。もともと住宅の部屋割のために用いられることを想定していた可動式間仕切り壁は、この施設においては、こうした異なる活動の場を分節したり、統合したりするために最適でした。エネマネハウス2015モデルでは、水周りのコアをフロアのほぼ中心に設置していたのですが、北九州案ではトイレやキッチン、オフィス、機械室といった諸機能空間は北側に集約し、中心に約70m^{2}のフレキシブルな大広間を確保しています。

　そのほかにも、不特定多数の出入りする福祉施設であるため、行政の指定

図10　屋外アプローチとスロープ

第5章 ワセダライブハウスの発展

するあらゆるバリアフリーの条件を満たす必要がありました。屋内空間に関しては平家建てのため、制限は少なかったのですが、介護対応型トイレの設置や引き戸の使用、規定の開口寸法の確保といった点において、それぞれ対応するように調整しています。エネマネハウス2015モデル同様に計画していた屋外の縁側空間は、訪れた方々が腰掛けてくつろげる空間としてぜひ残してほしい、という施主の要望がありましたが、床面は地盤面よりも上げてありましたので、アプローチに必要な斜路や手すりを新たに設置しています（**図9、図10**）。

アクティブな生活環境

エネマネハウス2015時のコンセプトでは、なるべく住まい手が自ら手をかけて、快適な住まい環境作りに携わるきっかけを設けてあげることをデザインし、家という場所がただその中に佇むだけの場所から、積極的に関わりを持つ場所へと変化し、住まうという行為に「愉しむ」という付加価値を再び加えることを意識していました。人口が減りはじめている現在、住宅市場

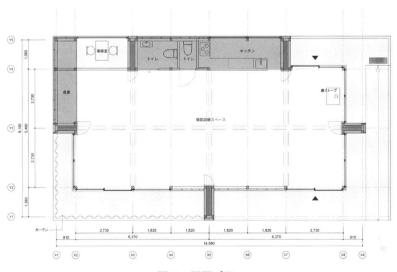

図11　平面プラン

145

は過剰供給の状態にあり、同時に全国の空き家の数は820万戸（総務省統計局データ）にのぼります。住宅の過剰供給はその価値の低下を促進し、これまで大量生産・供給を続けてきたハウスメーカーは、ここに来て新たな耐震性や高断熱性、ZEH対応といった価値を掲げて、生き残りを図っています。しかし、こうした価値の多くは、そもそも住宅に当たり前に求められるべき性能であり、ZEHに関しても2020年以降は差別化するだけの価値にはならないことが容易に想像できます。つまり、住宅自体の性能向上に頼った価値では、もはや住宅産業の健全な存続を保つことは難しくなっているのです。近年若い世代の間で増えているDIY行為なども含め、住まうことやそこで生じる手間を「愉しむ」ということは、こうした背景に対して、住宅に負荷することが出来る新たな価値として、考慮する時期に来ているのではないでしょうか。

　しかしながら、実用化においてこのような手間をあえて設けることが出来るかは、お施主さんの理解によるところが大きく関係します。北九州モデルの場合は厳密には住宅ではないため、手間＝介護スタッフによるメンテナンスということにもなり、いかに日々のメンテナンスにかかる負担を軽減出来るかということも求められていました。その一方で、ここでのデイサービス

図12　内観パース

センターとは、基本的に通所介護施設のことであり、ご高齢の方が自宅で支障なく日々の生活を送るための機能訓練やトレーニングなどを行う場所です。機能訓練とは、ベッドから車椅子へ移動する、トイレを使用する、といったあらゆる行為を自分で継続して行えるように訓練するためのものであるため、実は暮らしの中での手間を残すということは、住宅ではないこの施設においても別な意味で重要な役割を担うこととなりました。本計画では、エネマネハウス2015時のモデルを気に入って頂いたこともあり、薪ストーブや稼働間仕切りといった要素は再度採用することが出来ましたが、エネマネハウス2015モデルで使用したトリプルガラスのサッシは重量が重かったため、ここでは性能は多少劣るものの、より軽いサッシを用いることで、ご高齢の利用者でも窓の開閉や、屋外のファブリックスキンの出し入れなどを容易に行えるように考慮しています。

　その他、エネマネハウス2015モデルにおいては、屋上に家庭菜園の場所を設けたり、掃除のために太陽光発電パネルにアクセス出来る余地を残していましたが、本施設においてはリスク低減のために通常時の屋上へのアクセスは出来ないように制限しており、その代わりに開けた敷地を活用して、建物の脇にPVパネルや菜園を設けることで、メンテナンスを容易にしたり、建物で溜めた雨水をそれらに活用するといったことが可能となるよう考慮しています。エネマネハウス2015モデルは仮設であったため、一部を除き雨樋を設けていませんでしたが、ファサードの汚れや縁側デッキの傷みを極力低減するためにも、北九州モデルでは竪樋を戸袋兼耐力壁の一部に収めるといった変更も加えています。また、家自体の長期的利用に対し、設備系統は通常30年程度で更新が必要となるため、前述したとおり設備機器の設置や配管のほとんどはすべて建物の外周部、特に北側に集約し、将来的更新が外周部で簡単に行えるように計画しています（**図11、図12**）。

3. 快適なZEHとZEB

　そもそも本計画は、住宅という用途から福祉施設という用途へ変更しているため、対象の建物は正確にはゼロ・エネルギーハウス（ZEH）からゼロ・エネルギービル（ZEB）という別の扱いになります。どちらも一次消費エネルギーを極力少なくしつつ、消費分を創エネで補うことで、ゼロ・エネルギーを達成するということは同じですが、消費エネルギー量の削減や創エネが比較的に容易な住宅と比べ、オフィスビルなどでは、消費されるエネルギー量が仕事の効率や生産性と関係してくることもあり、その削減が難しい場合が多くなります。また、それを補うだけの太陽光発電パネルといった創エネ設備の設置が可能な面積の確保も難しいケースがほとんどです。こうした問題もあることから、ZEBの場合、いくつかの段階的評価基準を設けています。現行の省エネ基準よりも50％以上エネルギー消費量が削減されている建物を「ZEB Ready」とし、そこへ創エネによってさらに75％以上の省エネを達成した建物を「Nearly ZEB」、100％以上の省エネを達成したものが「ZEB」と定義されています。政府は2020年までに新築公共建築物等で、2030年までに新築建築物の平均でZEBを実現することを目指すという目標を掲げており、ZEH同様に今後対応していくことが当たり前になりつつあります（**図13**）。

　ワセダライブハウス北九州におけるZEBの計算は、環境工学分野の高口先生の研究室と共同で行い、エネマネハウス2015時と同様に建築研究所作成の非住宅建築物における「エネルギー消費性能計算プログラム」を使用して行いました。この際に難しいのは、計算上で必要となる一次エネルギー消費量の基準値の算出で、ZEHのように用途が住宅に限定されているのに対し、ZEBの場合はその用途を室ごとに決める必要があります。そのため、計算プログラム上で適合する建物用途および室用途と、その基準値の選定が必要となりますが、オフィスや図書館といった用途であれば対応した基準値が明確にあるものの、本物件のような特殊な用途になると、それに対応するどの基

準値に照らし合わせるかによって、ZEB達成の目標値が大きく変わってしまいます。今回のケースでは当初、カフェ用途で計算を行ってみましたが、目標値が想定される数値を大幅に超えてしまいました。最終的には建物用途を「病院等」施設とし、機能訓練スペースを「検査室」用途、土間スペースや相談室等を「病院の日中のみ利用されるロビー」用途の基準値を参照することで、極力現実的な消費量に近い値でのZEB検討としました。

　これらを踏まえ、実用化の中でのZEB達成へ向けて設計をする上で、特に検討の必要があったのが開口部です。ワセダライブハウスは開けたゼロ・エネルギーハウスを目指していたこともあり、通常のZEHに比べ開口をかなり大きく確保しています。なんとかして納得のいく窓サッシの性能と建物全体の外皮平均熱貫流率（UA値）のバランスを確保すべく、あらゆるサッシについて検討を行いました。平成25年に改正された省エネ基準によると、北九州地域での基準UA値は0.87W/(m^2・K）となっています。エネマネハウス2015モデルのUA値は0.46W/(m^2・K）で、基準値の半分近い値となっていますが、北九州モデルでは競技ではなく実用化という観点から、単純にスペックを上げれば良いというわけにもいかず、また当然ながらコスト削減も考慮

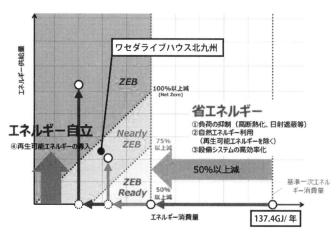

（経済産業省資源エネルギー庁の発表した図版をベースに作成）

図13　ZEB達成基準と北九州モデルの関係図

する必要があるため、使用する窓サッシや断熱材の性能とのバランスの検討に苦労しました。

エネマネハウス2015モデルで使用していたLow-Eトリプルガラスとハイブリッドサッシでは、熱貫流率（U値）が約1.0W/(m^2・K)で、これを使用した際の建物全体のUA値は計算上0.38W/(m^2・K)を確保することが可能でしたが、コストが高額である上、先に述べているようにご高齢の方が自ら使用するにはとても重いこともあり、最終的には代案として複層ガラスのハイブリッドサッシでU値が約2.7W/(m^2・K)のものを採用する方向で進めました。この場合の建物全体のUA値は約0.69W/(m^2・K)となり、エネルギー消費の削減率は基準に対して約71.4％を達成しました。そこへエネマネハウス2015時と同様の太陽光発電PVパネルや太陽熱温水器パネルを用いることで、約34.2GJ/年の再生可能エネルギーを確保し、計算上では「Nearly ZEB」を達成しています（表1）。PVパネルについては、エネマネハウス2015で使用していた14枚（3.42kWの発電量分）を再利用する方向で検討していたため枚数に制限がありましたが、追加で2枚のパネルを加えることで将来的には「ZEB」の達成が可能な状態にまで近づけて設計しています。その他の設備としてはエネマネハウス同様に、家庭用エアコン、全熱交換器、薪ストーブがあり、給湯設備には太陽光温水パネルに対応した型のエコキュートの使用も検討しています。

表1　削減率は71.4％、再生可能エネルギーの導入でNearlyZEBを達成

設備	設計一次エネルギー消費量	基準一次エネルギー消費量
空調設備	25.4 GJ/年	78.2 GJ/年
換気設備	0.2 GJ/年	1.7 GJ/年
照明設備	5.0 GJ/年	37.1 GJ/年
給湯設備	8.7 GJ/年	20.4 GJ/年
効率化設備	-34.2 GJ/年	- GJ/年
その他	47.0 GJ/年	47.0 GJ/年
合計	52.2 GJ/年	184.4 GJ/年
合計（その他抜き）	5.2 GJ/年	137.4 GJ/年

4. 今後の可能性

　ワセダライブハウスの北九州モデルについては、本書籍の話が決まり、執筆を進めていた中で同時平行に進められていましたが、非常に残念なことに本計画は実施設計途中で保留ということになってしまいました。中断してしまった理由としては様々なことが重なった結果ではありますが、北九州という東京から離れた場所でありながら、地域密着型の家づくりという方法を大学が主体となって行うことに、多少なりとも無理があったことは否めません。エネマネハウス2015で目指していたワセダライブハウスは、一つのプロトタイプとして試みた実験住宅でしたが、それを実用化し普及させるのは本来大学ではなく、各地域に根ざす工務店です。ワセダライブハウスで試みたことは、住まい手と地域が一体となった住まいつくりであり、愉しむためのソーシャル・デザインでもありました。そのモデルは、どんな場所でも適用が可能であり、実際エネマネハウス2015の時に採用した木造大型パネル工法は、

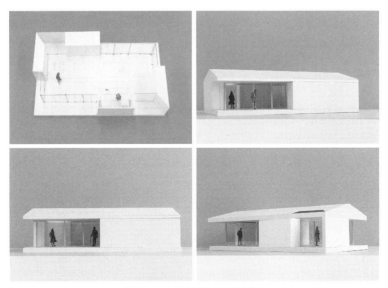

図14　卍型モデルのスタディ

その熟練工を必要としない軸組工法であることを活かし、現在日本各地にてその工法の普及と地域単位でのパネル生産の場の確保が進められています。そこへワセダライブハウスのZEHモデルが工務店の間で共有出来るコモンズとなり、いずれは各地域ごとでさらに進化していくきっかけのひとつとなることで、日本の住宅市場や林業、地方の活性といったことへ寄与出来ることを願っています。

　今回、実用化に向けて採用した北九州モデルは、エネマネハウス2015モデルの改良型であり、その基本的なデザインはさほど変わっていません。これはエネマネハウス2015時の写真を見て、気に入って頂いたお施主さんの意向によるところが大きいのですが、私たちとしても実験的に試みた住宅モデルが実際の日々の利用の中でどのように機能するのか、ぜひ試してみたいという気持ちが強くありました。その一方で、今回の提案を検討する上で、エネマネハウス2015モデル以外にもどのようなバリエーションが可能かといったスタディも学生と共に行っています。例えば大広間の四方に、設

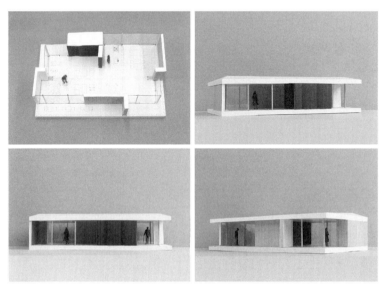

図15　L字型モデルのスタディ

備や戸袋などを集約した機能ヴォリュームを均等に配置した卍型モデルや、戸袋をL字状の耐力壁に収めて適度な空間の分節を図ったL字型モデルなど、それぞれ前述したワセダライブハウスの条件を満たしつつも、エネマネハウス2015時とは異なった内部空間特性や外観となるようなデザインを検討しています（**図14、図15**）。また北九州の件とは別に、工務店と協力して一般的な住宅地の敷地サイズや環境に対応可能な縮小型モデルの検討も行っています。

　これまで2回のエネマネハウス競技が行われており、おそらく今後も継続して行われるかもしれませんが、それが単なる一時的なイベントとして完結してしまうのでは意味がありません。広く一般の方へZEHについて知ってもらう、という趣旨もさることながら、ワセダライブハウスでは競技参加時から、これが長期的な視野のもと地域単位での新たな住宅普及に貢献出来るよう検討が進められていました。そのため、今回の北九州での実用化が実現に至っていないことは非常に悔やまれることですが、今後も実用化の可能性を追求し、情報を発信していこうと思っています。つい先日も熊本にて「地域材による地域創生と暮らしの復興」と題されたシンポジウムにて、ワセダライブハウスについての講演を行いました。今もなお地震の爪痕が色濃く残る熊本ですが、仮設住宅や復興住宅供給の一部を地域産材と県内工務店で賄う活動が進められています。ワセダライブハウスのように、熟練工が必要なく、上棟に1日しかかからない工法を用いながら、最低限の住まい空間を早急に確保し、その後徐々に住人が住みながらが家を完成させていくというモデルは、こうした復興の場においてもとても有効なのではないでしょうか。

第6章
エネマネハウス競技の失敗と成功

1. エネマネハウス2014

　話したい裏話は山ほどあるのですが、あまり表だって書けないこともあるので、いくつかの点に関してお話ししましょう。まずは、採用したシステムについてです。初回であったこともあり、実験的なシステムにチャレンジしましたが、とにかく時間がない。多くのシステムは予備実験なしで、本番で使用することになりました。特に問題が起きたのが真空管式集熱装置。太陽熱により床暖房を行ったのですが、夏にエジェクター式冷房装置を動かすことを前提に大きすぎる集熱面積の選定をしてしまいました。学生達が設計したものを許したのも私ですが、展示期間が冬なのでよほどのことがなければ沸騰はしないだろうと考えていました。膨張タンクはコストと時間の制限があり入れることが出来なかったのです。1月の最終週に施工が始まってから、試運転を開始したところ膨張弁が破損し蒸気が噴き出してしまいました。この時、私はニューヨークで米国の学会に出席していたのですが、日本からの緊急の連絡が携帯電話に入りました。相当に深刻らしい。カラ運転を防ぐようには指示をしましたが、破損した膨張弁を交換する時間や膨張タンクを

図1　建設直前の敷地確認

追加する時間はもはやありませんでした。枯れたシステムでは問題が少ないですが、別の場所でテスト運転も行っていない新システムを搭載するのは見せるためには良いですが、本当に冷や汗ものでした。日本のエネマネハウスのコンテストは年度予算に縛られるため、応募採用されてから施工するまでの期間が短いのです。ソーラー・デカスロンのようにそれぞれの大学でまず建設し、試験を行ってから移築することが望ましいのですが、日本では大学にその敷地も費用もないという残念な状況です。結局、暖房はバックアップとして搭載していたエアコンで行うことにしました。

　太陽電池とのハイブリット集熱パネルはうまく機能してくれました。ハイブリッドパネルの集熱効率は真空管ほど高くないため、ほどよく集熱してくれました。給湯負荷の3割ぐらいを賄ってくれました。一方で燃料電池を早稲田大学と芝浦工業大学は採用していませんでした。最後まで悩みましたが太陽熱集熱システムを採用しているため、これに燃料電池を加えると中間期や夏季にはダブル設備になってしまうと思い採用をしなかったのです。残りの3校が燃料電池を回した発電を利用できたのに対して、太陽光発電だけだった両校は真冬の戦いでは苦労することになりました。本当は5校の運転

図2　会場で全大学の代表者集まる

などをコンテストで詳細に解説して欲しいと思っていましたが、一次エネルギーの換算方法などの計算方法の方向性を示すことにもなるので、完全にオープンにすることは難しかったのでしょう。この部分には5校とも多くの秘話があると思います。ソーラー・デカスロンでは燃料電池などのコジェネレーションシステムは利用されていないのです。

　測定評価項目に室内湿度の安定という項目があります。全熱交換器を採用して、非常に電力消費量の低い加湿装置と手作りの制御を持ち込みましたが、これも思わぬ問題を生じました。なぜか、事前に予測した湿度にならず、部屋の相対湿度が上昇していくのです。加湿源は主催者が持ち込んだ加湿器しかないはずですが、原因が直ぐには分かりませんでした。外気温は低く絶対湿度が低いので操作時間に窓開放して湿度を下げるようにしました。終了後のシンポジウムの時に清家先生に新しいALCの含水率に関して教えて貰いました。新品のALCパネルの外に断熱を行い、熱容量を利用するようにしたことにより、ALCパネルからの発湿が室内側に影響を及ぼしたのです。経験や実験をしてみないとわからないことでした。

　学生の就職活動時期にも困りました。本来は3月1日が解禁日なのですが、会社のインターンやOB説明会なるものが、12月の声を聞くと始まります。多くの大学院生が精力的にエネマネに参加してくれていますが、就職を犠牲にしてまでもエネマネプロジェクトを行いなさいとは、さすがに言うことはできません。特に現場施工が始まった頃にこの日程が当たり始めたので本当に困りました。海外のソーラー・デカスロンではプロジェクトに関わると留年は覚悟とヒアリングした時に教えられましたが、学費や生活費負担などを考えると、それでも頑張れといえないのが日本の教員の現状です。2回目からは時期をずらして頂いたので、かなり改善したと思います。

　一方で教員のワークライフバランスも半端ではなくなります。初回はお盆休みの1週間、2回目は5月の連休の休みが吹き飛びました。まあ、楽しいので文句はいえませんが、大学教員が昨今ここまで事務仕事や義務に時間を取られると、なかなかこのようなプロジェクトに参加する気力は低くなって

しまうのも事実だと思います。

　建設中に生まれた学生間の信頼も良いことだと感じてました。特にお隣さんだった芝浦工業大学とは展示終了後に懇親会まで含めて楽しく過ごしました。秋元孝之先生と相談し建設中から学生の相互見学を内部も含めて許すことにしていました。夜間照明を芝浦工業大学棟に貸したことで感謝もされました。施工帰りには、旭化成の渡辺様、長澤先生、学生達と東雲や新木場のラーメン屋さんで良く夕食を一緒にしました。会場のビッグサイト駐車場の周辺には路上にコンテナを改良した移動式ラーメン屋さんがトラック運転手の方々を狙って営業をしています。学生達からこのコンテナの店をエネマネハウスにしても良いのではないかと声も出たほどでした。エネマネ期間は学生で潤ったかも知れません。移築や計画時にも多くのドラマがありましたが、また の機会に紹介にしたいと思います。

2. エネマネハウス2015

　エネマネハウスは欧米で開催されている省エネ住宅コンペ、ソーラー・デカスロンを下敷きにしていますが内容はかなり異なります。学生が考え自ら施工するのが前提のソーラー・デカスロンに対し、エネマネハウスは「学生が考えるゼロ・エネルギー住宅」がテーマで、施工をどうするかで各大学の姿勢が伺えます。早稲田大学の二度のチャレンジも、一度目は大手住宅メーカーとコンソーシアムを作り、設計は大学が中心になりながらも住宅メーカーの生産システムを最大限活用し、学生はできる範囲でお手伝いという位置づけでした。

　ワセダライブハウスでは、２番手として前回と違いを出さないといけない。極論すればセルフビルドでもできるZEHを考えたいという思いがありました。それが「愉しむ」というキーワードになるわけですが、その主旨を理解してくださった横浜の工務店に建設協力をお願いし、職人さんと学生が一

緒に作っていくという雰囲気になりました。前回と開催時期が違ったことも、このような姿勢で取り組めた大きな要因でした。これとちょうど逆なのが芝浦工業大学で、一度目はほぼ学生が施工し、これに懲りたのか二度目は大手ハウスメーカーと組んでの挑戦した結果として、学生手作りに近いZEHとハウスメーカーベースのZEHとでは、どうしても完成度に差が出てしまうわけですが、その姿勢による違いもこのコンペの面白さといえるかも知れません。

　おかげさまで最優秀賞（なんと芝浦工業大学と同点受賞）を頂きましたが、実測期間中はトラブルも多々ありました。暖房についていえば、本来であれば競技開始前から助走運転を開始し、フローリング下の蓄熱体に熱を貯めて、安定した状態で実測を迎えようという計画だったのですが、学生が床暖房のタイマー設定の操作を間違えてしまい、初日に床暖房用の都市ガスを大量に消費してしまって、他大学から大幅に遅れを取ってのスタートとなってしまいました（**図3**）。しかしこれがきっかけとなって学生は奮起してくれたようで、その後のタスク（事務局から与えられた作業をこなしながら、室内環境を一定に保ちその状態のエネルギー消費を計測）を見事にこなしてて猛追してくれました。

　あまり機械仕掛けの制御はせず、人間の手で「愉しみ」として環境調整行

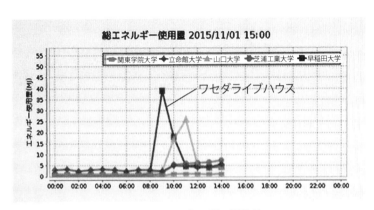

図3　計測期間初日のエネルギー消費量
　　　（飛び出ているのが早稲田大学と山口大学）

エネマネハウス2015概要

エネマネハウス2014の成功を受けて開催継続が決定されたエネマネハウス2015。ねらいはほぼ同じであるが、テーマが若干変更された。「2030年の家」と具体的な時代設定があった2014から、「学生が考える、将来の家」という風に時代設定が自由になった。一方、ライフでは快適や健康、レジリエンスやコミュニティといった、価値や課題の具体的キーワードが与えられ、3つめのテーマであるアジアも「東南アジア」と限定されて、蒸暑気候への対応が求められた。

2015年3月に公募が開始され、5月14日が提案の〆切り。公表はされていないが十数大学から応募があったようである。5月中に一次審査通過5大学（早稲田大学、芝浦工業大学、関東学院大学、立命館大学、山口大学）が発表され、9月に中間報告会。9月24日から各大学が関節を開始し、10月13日には完成して関係者・メディアに公開するという突貫工事だった。

4日間の一般公開後、10月23日から室内温熱環境やエネルギー消費量の実測が行われた。この期間、学生は室内で、タスクと呼ばれる作業や求められた室温に調整する作業などを行った。10月31日に審査員への現地プレゼンを行い、同日最優秀賞が発表された。一般公開期間中には、エネマネハウス2014を超える6,844名の来場者があった。（**図4**）

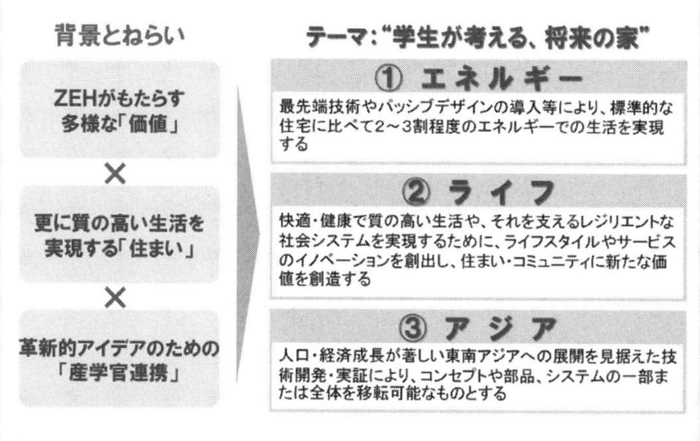

図4　エネマネハウス2015のねらいとテーマ

為を行うというコンセプトだったわけですが、朝夕の日射取得の制御はなかなか難しく、ファブリックスキンで遮蔽する予定が風で上手く広がらなかったり、朝9時までは建物に入れないことから窓開けができずオーバーヒート状態になったりする日もありました。実は3層目の内側のブラインドは全開口に付ける予定だったのですが、予算とデザインの面から削ってしまったのですが、予想以上に天気が良かったことも重なって少々後悔したポイントでした。

　どのチームも苦労していたのが湿度管理で、事務局からは相対湿度で40％〜70％に維持するように求められ、これを外れると減点になります。原始的に加湿器を持ち込んで計測データを見ながらこれをON・OFFして制御するという職人技で対応したわけですが、それでも乾燥気味になる時間帯がどうしてもあります。学生は濡れ雑巾で床掃除をするという「技」を開発し頑張っていましたが、このあたりはまさに「競技」という雰囲気で、学生も楽しんでいたように思います。

　第一回目のエネマネハウスと差別化する意味でも、給湯熱源として使える薪ストーブを提案したのですが、一般公開期間中と実測期間中はついに使用を認められませんでした。加湿の役割もあったので重ねて残念でした。横浜市としては、近隣問題から薪ストーブなどの使用に抑制的ということで、横浜市が共催のイベントでは認められないという理由でした。いろいろ事情はあるのでしょうが、もっと早く教えてくれれば、別の対応もできたのではないかと思っています。最終日の打ち上げでは火を入れて愉しむことができましたが、やはりなかなか良いものでした。

　後日談となりますが、エネマネハウスがご縁で工務店向けのオンライン教育を支援する「工務店フォーラム」という社団法人を立ち上げました。ワセダライブハウスの経験を活かしたコンテンツも用意していますので、是非一度インターネットで「工務店フォーラム」と検索ください。

3. エネマネハウス2017ニュース

　この本の執筆準備をしている2017年3月31日にエネマネハウス2017の公募が開始されました。今回の会場は大阪です。早稲田大学のチームが応募するかはまだ決めていませんが、5月25日の書類締め切りまでには何かのアクションをする必要があると思っています。審査員はきっとこの本の延長にあるようなZEHだけでは満足してくれないでしょう。ハードルはかなり高いとは思っていますが、大学院生と議論はしています。しかしながら、大阪で住宅を作るというのはなかなか大変です。

　公募要領に書かれていることをまとめてみました。背景として、「ZEHを推進するためには、建築や環境・エネルギー、情報通信等、幅広い分野における先端的な技術を有する大学等と、商業化のノウハウや顧客ニーズを有する民間事業者等との協働によって、更なる技術開発を促進し、先進的なZEHの実証を行うとともに、ZEHに対する国民の理解促進のための普及啓発が重要となります。」と書かれています。

　大学対抗ZEHの大きな目標として、「ZEHの推進による多様な価値の創出、更に質の高い生活を実現する住まいの提案、革新的アイデアを生むプラットフォームとしての産学官連携をねらいとして、大学と民間事業者等との協働によるZEHの建築・実証・展示により、住宅・コミュニティの新しい価値を創出し、ZEHの普及・理解促進を図ることを目的として実施する」と示されています。面白いのはエネマネハウスと呼ばれていたものが、ZEHと明確に示されたことでしょう。これは、前回のエネマネハウス2015終了後にZEHの定義が政府によって定められたこととも関係していると考えられます。

　これまで掲げられていたアジアというキーワードは表面には出なくなりました。その

"LIFE DESIGN INNOVATION"
〜住まい・コミュニティに多様な新しい価値を創造する〜

本格的な少子高齢社会、人口減少社会の到来、環境制約のより一層の高まり、環境ニーズの多様化・高度化などの課題に対応して、快適・健康・省エネで、自然環境豊かな生活や、それを支える低炭素でレジリエントな社会システムを実現するため、建築デザイン手法やIoT、ビッグデータ等の最先端技術の活用により、新しいライフスタイルや製品・サービスを提案し、住まい・コミュニティに多様な新しい価値を創造する

図5　エネマネハウス2017本事業のテーマ

代わりに、「LIFE DESIGN INNOVATION」〜住まい・コミュニティに多様な新しい価値を創造する〜がメインテーマになっています（**図5**）。これまでのエネマネハウスではアジアを意識すると蒸暑を考慮しなければなりませんでしたが、日本では冬の住宅の寒さも考える必要があり、応募者にとっては解釈が難しい面がありました。特に初回のエネマネハウス2014は最も東京が寒い時期に開催されたため、ここでアジアの蒸し暑さ対策を見せるのは大変でした。提案に際しては、ZEHの実現・普及をねらいとして、"ゼロ・エネルギー"、"普及・ビジネス展開"の条件が課せられています。

「LIFE DESIGN INNOVATION」〜住まい・コミュニティに多様な新しい価値を創造する〜とはどのようなことを示しているのでしょうか。応募要項から背景を考えて見ましょう。

「本格的な少子高齢社会、人口減少社会の到来、環境制約のより一層の高まり、環境ニーズの多様化・高度化などの課題に対応して、快適・健康・省エネで、自然環境豊かな生活や、それを支える低炭素でレジリエントな社会システムを実現するため、建築デザイン手法やIoT、ビッグデータ等の最先端技術の活用により、新しいライフスタイルや製品・サービスを提案し、住まい・コミュニティに多様な新しい価値を創造する」日本の住宅の問題の多くがカバーされています。具体的な家族像を考えた方が良いかも知れません。また、IoTなどの日進月歩の技術を寿命が長い住宅とどのようにマッチさせるかがポイントのような気がしています。

2017年5月25日に公募が終了し、その後6月中に審査・採択、8月〜9月頃に中間報告会、10月下旬〜11月中旬に2〜3週間程度でモデルハウス建築、11月中旬〜11月下旬にモデルハウス実証・測定、12月上旬〜中旬に開会式、モデルハウス展示、一般公開となっています。エネマネハウス2015とほぼ同等ですが、大阪となると東京の大学にとっては参加には根性と財力が必要になります。中国のようにスポンサー集めに苦労しないと良いのですが、この大変さもあります。複数の大学による応募も可能と明記されていますので、これも選択肢の一つだと思っています。1件当たり1千3百万円、3

百万円以内の旅費が採択者には交付されますが、実験住宅を建設するにはこれでは充分ではありません。確認申請業務なども必要になります。

建設地は大阪市うめきた2期区域です（**図6**）。大阪駅の通称北ヤードと呼ばれる地域です。最近オープンしたのがグランフロントです。この横が建設地になります。某大手住宅メーカーの本社も近所にあります。敷地面積は、15m×15m程度すなわち225m^2です。資材置き場として別途、5m×15m程度の保管スペースが付与されます。電気、水道（汚水排出は不可）を使用するための環境が用意されます。ガスについては、ガス配管はないので、ボンベを持ち込む必要があります。燃料電池などを動かすことになると圧縮天然ガスを準備しなければならず、それなりのコストがかかります。

建築面積は、最大150m^2、延べ面積は50m^2から80m^2です。初回のエネマネハウスでは審査員から大きな住宅が評価されました。芝浦工業大学と早稲田大学の住宅は小さいと評価されたこともあり、2回目からは両校とも最大面積で建築するようになりました。斜線制限や高さ制限はこれまでと同様です。リビングルーム、寝室、浴室・脱衣スペース・トイレを作ることが求められています。建築コストに関しても、施工費は除いた建築材料、設備機器等の費用ですが、2千5百万円が上限額の目安となっています。

図6　エネマネハウス2017建設予定地（大阪）

ZEHロードマップ委員会が公表した「ZEHの判断基準」におけるZEHの定量的要件を満たすことになっています。また、学生が建築研究所のWEB-Pをきちんと使用できるようにしておく必要があります。また、第三者認証を受ける必要があります。

　この本が出版される時には応募校が出そろっていると思いますが、大変楽しみなコンテストになるでしょう。その後、6月21日に出場校の発表がありました。首都大学東京、京都大学、近畿大学、武庫川女子大学と我々の早稲田大学・芝浦工業大学の5チームとなりました。

【参考文献】
https://www.enemanehouse.jp/entry/index.html

エネマネハウス 2014　早稲田大学チーム

参加企業	旭化成ホームズ 株式会社　　三協立山 株式会社 東京ガス 株式会社　　　　　株式会社 ニチベイ 日比谷総合設備 株式会社　　三菱電機 株式会社 旭硝子株式会社　　　　　　　三菱化学 株式会社 株式会社 マテリアルハウス 設計協力：NASCA
大学メンバー（当時）	田辺　新一　　建築学科 高口　洋人　　建築学科 古谷　誠章　　建築学科 新谷　眞人　　建築学科 林　　泰弘　　電気・情報生命工学科 齋藤　潔　　　機械科学・航空学科 長澤　夏子　　理工学総合研究所 田中　健大　　理工学総合研究所・事務管理責任者 広橋　亘　　　早稲田大学先進グリッド研究所
学生メンバー（当時）	海野　玄陽　　山口　莉加　　石井　義章　　竹中　大史 菅野正太郎　　大場　大輔　　夏目　大彰　　原田　尚侑 加藤　駿　　　都築　弘政　　御所園　武　坂下　雛子 庄司　智昭　　中川　純

早稲田ZEH2014集合写真

エネマネハウス 2015　早稲田大学チーム

参加企業	三菱商事建材株式会社＋ミサワホーム株式会社　旭硝子株式会社　一般社団法人 エコまちフォーラム　株式会社 エム・システム技研　加藤木材工業株式会社　カネカケンテック株式会社　株式会社カネシン　協和木材株式会社　シップスレインワールド株式会社　株式会社篠原商店　スフェラーパワー株式会社　株式会社誠建社　積水ナノコートテクノロジー株式会社　大日本塗料株式会社　大和通商・株式会社　タカヤマ金属工業株式会社　田島ルーフィンググループ　株式会社タツミ　東京ガス株式会社　株式会社ニチベイ　野地木材工業株式会社　パナソニック株式会社　株式会社フィリップス　東日本パワーファスニング株式会社　富士ソーラーハウス株式会社　株式会社益田建設　銘建工業株式会社　山崎産業株式会社　株式会社夢ハウス　株式会社 LIXIL　JX日鉱日石エネルギー株式会社　株式会社メタルサポート　テクノエフアンドシー株式会社　細海拓也一級建築士事務所＋IMIN　一級建築士事務所 Eureka　小原技術士事務所　Onder de Linde
大学メンバー（当時）	高口　洋人　建築学科 小林　恵吾　建築学科 田辺　新一　建築学科
学生メンバー（当時）	植村　遥　　中川　純　　大滝明香里　浅野　寛人 万木　景太　池川　隼人　伊原さくら　小松　昇平 角尾　怜美　丸山　賢人　三好　諒　　島村　知弥

エネマネハウス2015 早稲田大学チーム

■著者プロフィール

田辺新一(たなべしんいち)
早稲田大学創造理工学部建築学科・教授
福岡県生まれ、専門は建築環境学。工学博士。快適性と省エネルギーのバランスに興味をもつ。1982年早稲田大学建築学科卒業、1984年同大学大学院博士前期課程修了。1984〜1986年デンマーク工科大学暖房空調研究所。1992〜1993年カリフォルニア大学バークレー校環境計画研究所。1992〜1999年お茶の水女子大学生活科学部助教授。1997年ローレンスバークレー国立研究所訪問研究員。1999年早稲田大学理工学部建築学科助教授。2001年から同大学教授。2002〜2003年デンマーク工科大学客員教授。米国暖房冷凍空調学会フェロー。
主な著書に『住環境再考』(萌文社、2016年)など。

長澤夏子(ながさわなつこ)
お茶の水女子大学基幹研究院・准教授
京都生まれ、専門は建築計画学、環境生理心理、建築健康学。建築の利用者の行動、心身の面からみた健康に暮らす住まいの研究を行っている。1995年早稲田大学建築学科卒業、2000年同大学大学院博士課程退学。1998〜2001年早稲田大学理工学部建築学科助手。2001〜2007年理工学総合研究センター。2007〜2009年早稲田大学 先端科学・健康医療融合機構(ASMeW)講師。2009〜2015年早稲田大学 理工学総合研究所研究員。2015年お茶の水女子大学准教授。

高口洋人(たかぐちひろと)
早稲田大学創造理工学部建築学科・教授
京都生まれ、大阪育ち。早稲田大学理工学部建築学科卒業。博士(工学)。早稲田大学助手、九州大学特任准教授を経て2007年より早稲田大学准教授。2012年より現職。2014年ブリュッセル自由大学交換研究員。2017年チュラロンコン大学訪問研究員。建築物の省エネルギー対策、レジリエンス評価手法、東南アジアの住環境改善などを研究。著書に「完全リサイクル型住宅Ⅰ、Ⅱ」「健康建築学」「エコまち塾」(いずれも共著)、「ZED Book (共訳)」など。

小林恵吾(こばやしけいご)
早稲田大学創造理工学部建築学科・准教授
東京生まれ。2002年早稲田大学理工学部建築学科卒業、2005年ハーバード大学大学院デザイン学部修士課程修了後、2012年までOMA-AMOロッテルダム事務所に勤務。主に中近東諸国や北アフリカ地域にて建築や都市計画プロジェクトやリサーチの担当を務めた。2012年より早稲田大学創造理工学部建築学科助教。2016年より同大学准教授。NPO法人「PLAT」役員のほか、設計事務所NoRA共同主宰。主な作品に「2014年ヴェネチア建築ビエンナーレ日本館展示計画」、「エネマネハウス2015ワセダライブハウス」など。

中川純(なかがわじゅん)
早稲田大学創造理工学研究科建築学専攻博士課程
横浜市生まれ。2003年早稲田大学理工学部建築学科卒業。2003年〜2006年(株)難波和彦・界工作舎勤務。2006年〜レビ設計室主宰。2013年〜早稲田大学理工学研究所研究員。2016年〜早稲田大学田辺研究室博士課程。現在、武蔵野美術大学、千葉工業大学非常勤講師。主な著書に『建築家の読書術』(みすず書房、2015年)など。2009年グッドデザイン賞、2010年、2011年TEPCO快適住宅コンテスト入選、2013年SDレビュー入選、2016年ヴェネチア・ビエンナーレ国際建築展特別表彰、2017年日本建築学会作品選集新人賞など

ゼロ・エネルギーハウス ──新しい環境住宅のデザイン──

2017年10月15日 初版発行

著　　者	田辺　新一、長澤　夏子、高口　洋人
	小林　恵吾、中川　純
発 行 者	谷安　正
発 行 所	萌文社
	〒102-0071東京都千代田区富士見1-2-32 東京ルーテルセンタービル202
	TEL　　03-3221-9008
	FAX　　03-3221-1038
	Email　info@hobunsya.com
	URL　　http://www.hobunsya.com/
	郵便振替 00910-9-90471
装　　丁	梧澤清次郎（アド・ハウス）
印　　刷	シナノ印刷株式会社

本書の掲載内容は、小社の許可なく複写・複製・転載することを固く禁じます。
©2017, Sinichi TANABE & Matuko NAGASAWA. All rights reserved.
Printed in Japan.

ISBN978-4-89491-337-0